いのちの車窓から

星野 源

角川文庫
23003

いのちの車窓から

目　次

いのちの車窓から

いのちの車窓から

仕事以外の時は眼鏡をかけているので、たいていの出来事はレンズ越しに見ることになる。

０・０３ほどの近視。約10年前に視力検査を受けて以来、その数値から年々視力が悪くなっていながらもう検査していないのは、今以上レンズの度を強めてしまうとあまりの視力矯正の激しさに酔って気持ち悪くなってしまうからだ。というわけで、未だに遠くがぼやける軽めのレンズを付けている。

そのせいか、だいたい何が起きていても、何となく窓の内側に自分がいる気がする。内側から外側を眺め、ただ見ている感覚。『パシフィック・リム』のロボットのように頭部のコックピットにも一人自分がいて、自分を操ったり、勝手に動く自分の手や足見たりしている、よそ者の気分。

2[illegible]とに開頭手術をして以来、その気分はさらに強まる。

左こめかみから、額の髪の生え際上3センチを通り、右こめかみまで、丁度カチューシャをはめたようなラインに切れ目が入っている。

復帰した後、俳優や音楽家としての仕事がしやすいよう、人目につく額ではなく、髪で隠れる頭皮部分を医師が切開してくれた。だから今そのライン上は5ミリ幅ほど髪の毛の生えない傷痕がある。もし五分刈りや極端な短髪にしなければならない場合、その部分だけが禿げていてかなり面白い髪型になってしまうため、もう数本ボウズラインを入れて「EXILE ATSUSHIです」などと言って冗談にするほかない。

実際の手術では、そのカチューシャラインを切開し、額の皮膚を下方に向かってべりべりと美肌パックをはがすようにオープンし、頭蓋骨を露わにした後、わかさぎ釣りの氷上の穴の如く額の骨を丸く削ってポコッと取り、その中にメスなどを入れ、脳の動脈にクリップを付ける手術をした。くり抜いた穴は塞がれたが、今でも手で触ると額にある直径7センチほどの円い凹凸になった手術痕がよくわかる。

この上ない巨大ロボ感。この円形の部分が、ウィーンと音をたてて開くコックピットだと思うと、俺というロボを小さい自分が操縦している気分が増して楽しい。大人なのでそんなことばかり空想しているわけではないけれど、冷静に考えてみても、体という乗り物を星野源という精神が操縦していることの奇跡の実感が、手術後はさらに明らかに、リアリティを持って湧いてくる。

復帰後初めて出演した舞台公演が、もうすぐ千秋楽を迎える。

大人計画と劇団☆新感線が手を組み、「大人の新感線」と銘打った合同公演『ラストフラワーズ』。上演時間3時間半の舞台を、稽古と東京・大阪公演合わせて約3カ月間、全63ステージという怒濤のスケジュールで行った。

「こんな長丁場で、千秋楽近くまでまったく飽きずに、もっと面白く追求したいと思える舞台なんてさ、なかなかないぜ、源ちゃん」

と、主演である古田新太さんは言った。約30年という長い舞台経験の中でも、ここまで楽しんで芝居ができる作品はそうそうないそうだ。

僕は古田さんが好きだ。あんなに怖い顔をしておきながら、ベティー・ブープのバッグを持ち歩き、かわいいですねと指さすと「ベティーちゃん、大好きなんだ」とニコニコする古田さん。写真週刊誌に路上キス写真を撮られていながらも、「路チューくらい普通するだろ⁉」と激怒し、一向にやめようとしない古田さん。

実際二人で飲んだときも、1軒目に入った巣鴨の居酒屋から、2軒目の三軒茶屋の串焼き屋まで電車に乗って移動する間、古田さんだと気づいた街行く人々の「握手してください」「応援してます」との声がけに「おう！」と応えながら男女問わずハグし、チューをしようとしていた。ブレない姿勢に感服する。

古田さんは性別に関係なく、酔っていたら平等にチューをする。女好き、というのは自他共に認めるところだろうけど、はたから見ていると古田さんはとにかく人が好きなんだろうなと感じる。だからこそ、路チューをしてもやましいと思うことなど何もない。スクープする意味なんて何もない、と僕も思う。

古田さんだけでなく、俳優はシャイな人が多いので、一緒に飲みに行くとそれまで聞けなかった本音が聞けることが多い。自分も内気なほうではあったが、職業柄昔から飲み会に参加することが多く、酒があまり飲めない体質であるがゆえ、相手が心を開いてくれているのに自分が素面であることがうしろめたくなり、内気でいられなくなった結果、普段から冗談も下ネタも仕事の真面目な話も本音も垣根なく喋るようになった。酔っぱらいと話すのはまったく苦じゃない。誰かと飲みに行き、話をするのがとても好きだ。

「源ちゃん、あそこの間《ま》はもう少し取ったほうがいい」

普段あまり芝居の話をしない古田さんが、珍しくダメ出ししてくれた。「はい」と了解し、翌日の本番でそのシーンの間を少しだけ変えた。すると、いつもの3割増しで笑いが大きかった。

次の出番まで舞台袖で静かに待機する。いつもここでは、先に出る古田さんが僕の前で微動だにせず、開けるドアのほうを向いてじっとしているが、その日は初めて少し振り返って「グッドサイン」をしてくれた。

次の瞬間、扉を開け、大声を上げながら古田さんは舞台に出て行き、僕はそれを追いかけた。

窓の内側に意識が飛ぶ。俺のロボよ、俺の手足よ、どうかうまく動いておくれ。窓の外には勝手に喋り、勝手に動く役者の自分がいる。喋る自分を放っておいて、周りを見渡す。不思議だな、この前まで病院の天井を見てたのに、今は1300人の客の前で大声で喋っている。

人生は旅だというが、確かにそんな気もする。自分の体を機関車に喩えるなら、この車窓は存外面白い。

多摩川サンセット

出演したNHKドラマ『昨夜《ゆうべ》のカレー、明日《あした》のパン』の撮影がオールアップを迎えた。共演者の方々、スタッフさんたちへの挨拶を終え帰ろうとしたが、ロケ場所であった府中の白糸台という場所には、あまりタクシーが走っていない。

とりあえず、一番近い西武多摩川線の白糸台駅まで歩いてタクシー乗り場を探してみるも、小さい駅だからかそういった場所は見つからなかった。

それなら近くの栄えた駅まで電車で移動し、タクシーに乗ればいい。そのまま降りずに帰ろうかとも思ったが、電車だと1時間はかかる行程が、タクシーで中央高速自動車道を行けば15分で着く。できるだけ早く帰りたいのだ。

白糸台駅の改札を通ってホームまで行き、柱に貼り付けられた停車駅一覧を見ると、この路線で行ける一番近くて人の多そうな駅は、JRも通っている武蔵野市の武蔵境駅だった。

てしまうと中央高速自動車道からものすごく離れてしまう。近辺には高速は通っていない。そこからわざわざ高速道路の入り口まて戻るなら、電車でそのまま新宿経由で帰っても時間はさほど変わらないだろう。やはりこの近辺で大きめの道路を探し、タクシーを捕まえるしかないとも思ったが、一度入った改札を出るわけにもいかない。

どうするべきかホームで途方に暮れていると、背後からの急な風圧で驚いた。武蔵境とは逆方面へ行く電車が入ってきていた。

「次は、競艇場前。競艇場前、競艇場前」

競艇場前。なんだか人がいそうだと思った。タクシー乗り場もあるかもしれない。とりあえず飛び乗った。

流れていく車窓を眺める。まだ夕方前の15時半、空は快晴だ。近くに住んでいる人には申し訳ないが、なんにもない。ゆけどもゆけども住宅。商店が栄えていく気配はなかった。

不安が募りつつ1駅分進んでホームに降りると、見事に閑散としている。焦って改札を出たところ、結局タクシー乗り場のない駅だった。ガックリと肩を落とす。もういい。早く帰らなくてもいい。ぶらぶらしながら適当に帰ろう。

駅の改札は地上から高いところにあり、町を少し見下ろせるようになっていた。右を向くと湖のような広い水面が見え、その周辺には大きな建物がそびえ立っていた。スロープが延びていたので、ふらふらと歩いていくと「BOAT RACE 多摩川」の看板が。つまりそこには多摩川競艇場があった。

競艇とは言わずもがな、競馬やオートレースと同じく、モーターボートで選手たちが競走し、その勝敗を予想するギャンブルである。今まで一度も入ったことがない。近づいていくと、左には競艇場入り口の改札、右にはタクシー乗り場があった。4台も停まっている。

「……」

左に曲がった。さっきまであれだけ欲していたタクシーだったが、急に競艇場に興味が湧いてきた。

改札に100円玉を入れて通る。人けのない食堂エリアを抜け、舟券が買える投票所に出ると、いろんな種類のおじさんたちがうごめいていた。皆しかめっ面だったが、殺伐としているわけではない。もちろん生活の為に賭けている人もたくさんいるのだけど、勝負を真剣に楽しんでいる雰囲気のほうが強いと思った。

出ると、太陽は夕日になっており、水面はオレンジ色に染まっていた。アナウンスの後、11レースが始まり、大きい音とともにボートが目の前を恐ろしいスピードで通過していく。テンションは高まり、手持ちのスマートフォンでバシャバシャと写真を撮ってはしゃいだ。周りを見回してもそんな奴は自分しかいない。

レースが終わった瞬間がわからないくらい、客席は静かだった。たくさんの人がいるのに、怒号が飛び交ったり、舟券を空に向かって捨てたりといった、テレビで見ていたような（それは競馬だが）大騒ぎはなく、淡々とレースに向き合う男たち。どんどん赤く染まっていく水面の影響もあり、妙にハードボイルドな空間だった。

結局舟券は買わなかった。金を賭けるギャンブルは苦手だ。普段やっている仕事で十分なスリルがある。安定しない代わりに当たれば大きい。時々、好きなことをやりたくて仕事をしているのか、賭けに勝つ為に仕事をしているのかわからなくなる。本当は両方とも大事なことなのだが、前者を常に忘れないようにしておかないといけない。闇雲に勝つことに執着し、気がつけば仕事がなくなり消えていった先輩を何人も見てきた。人生を賭けた仕事というのは、中毒的要素もとても強い。

競艇場を後にし、白いタクシーに乗った。「高速に乗って渋谷まで」と伝えると、「あいよ！」と初老の運転手、清水さんは元気良く言った。

走りながら、競艇は男女混合競技であること、選手たちは入り時間に5分でも遅刻したら競艇場の中に入れてもらえない為、どんなスター選手でも偉そうな人がいない等、いろんなことを教えてくれた。

清水さんは会社を定年退職した後、タクシー乗りになったらしい。バイクと車が大好きで、愛車はハーレーダビッドソン・スポーツスターとポルシェだそうだ。

「お兄ちゃん、バイクはいいよ。風を切って季節を感じることができる」

娘2人を嫁に出し、今ではガソリン代とメンテナンス代を稼ぐ為にタクシーに乗り、生活費は年金。趣味は全国ツーリングと、愛妻をポルシェに乗っけての旅行。手には最新のiPhone6。流れている音楽はナット・キング・コールだった。

乗っている間、清水さんと延々と喋り続けていた。渋谷に着き会話が終わる頃、清水さんが言った言葉に、タクシーを降りた今もずっと、うなずき続けている。

「人間、好きなことしてなきゃダメだよ兄ちゃん!」

個人

怒り

自分が行うライブには2種類のスタイルがある。

一人でギターを持ちながら歌う弾き語りと、バックバンドを従え、様々なプレイヤーの演奏の中で歌うバンドセット。昨年末には『ツービート』というタイトルで、横浜アリーナを2日間使い、初日を弾き語り、2日目をバンドと分け、それぞれの方法でライブをした。

バンドのメンバーはいつも、人間的に好きなプレイヤーを自分で選び、なるべくストレスのない楽しい音楽環境づくりを目指している。良いメンバーの伴奏で歌うと、それだけで幸せな気分になる。熟練した大御所から気心知れた同じ高校出身の同年代プレイヤーなど、年齢、出身環境も様々だ。演奏技術が重要なのではなく、フィーリングが合う人のほうが演奏していて楽しい。自分自身がテクニックを追求するタイプの音楽家ではないから、そのほうがやりやすいのかもしれない。

メンバーの中でも一番若く、キャリアも短いベーシストのハマ・オカモトは、デビューして間もないながら大御所とも張り合う素晴らしい演奏力を持ち、人間的にもしっかりしているのだが、なぜかいつもプンプン怒っている。

なぜか、と書いたがその怒りはとっても筋が通っていて、理路整然としている。ライブリハーサルやレコーディング、はたまたプライベートの食事などで会うたびに、仕事上でたいてい何かしらの事件が起こっていて「源さんちょっと聞いてください」と怒りのトークショーが始まる。なぜか、とは「なぜか理由なく怒ってる」という意味ではなく、「なぜか、いつも怒るようなことが起こってしまう」という意味だ。自分はその話を聞くのがとても好きだ。

かくいう己も、そんな怒りトークのあとには大抵「ハマくん聞いてよ実は俺も」とマイ怒りエピソードを2倍の分量でお返しできてしまうほどに、仕事上の理不尽なトラブルには悩まされている。

そんな二人には暗黙のルールがある。それは「ヘビーな怒りエピソードほど面白く、笑えるように」話すことだ。

怒りを吐き出す行為というのは、それをぶつけられる相手の気持ちを大きく揺り動かすほどに負のエネルギーが強い。しかし、黙って自分の中だけに留めておくと、次第に自分の心は不安定になり、体の具合も悪くなっていく。だからなるべく楽しく面白く吐き出すことが必要である。

間や話の運び方、理不尽な事件に巻き込まれたときの自分のリアクションの再現の方法や表情の作り方で、なるべく相手が楽しく「ひどい！」と笑えるように努める。話を盛る必要はない。それほど強烈で意味不明で笑っちゃうほどに納得いかない事件が日々起こるからだ。残念ながら、仕事での怒りエピソードはここには書けないけれど、プライベートのことなら多少書いてもいいだろう。

その日、彼はこれ以上なく怒っていた。

「源さん、許せないことがあるんです」

そう言いつつ、とある写真を見せてくれた。そこにはコンビニエンスストアで売っている楕円形の菓子パンが写っていて、パッケージにはこう書かれていた。

【ちぎれるバターブレッド】

それを見せながら、彼は血管がちぎれんばかりに力を込めて言った。

「パンは、元からちぎれます……！」

私は、首の骨が軋むほどに大きくうなずいた。そこに写っているパン自体は、確かにちぎれやすそうなデニッシュ風だが、商品名のおかしさは変わらない。数日前、ハマく、はこのパンをコンビニで見つけ、その日本語の矛盾に怒りを感じ、すぐさま購入したそうだ。

「どれだけ良いちぎれなのか、確かめる為にちゃんと買いました」

「どうだった?」

彼は震えていた。

「めっちゃ普通……」

年末の深夜のカフェ。コーヒーやジンジャーエールの瓶がひっそりと載っている白いテーブルにハマくんは憤り、突っ伏した。

「恐らく、その商品名の元には、別のヒット商品［さけるチーズ］と、［ちぎりパン］の存在があると思う」

そう話すと、彼は初雪の存在に気づいた瞬間のように、そっと顔を上げた。

「［さけるチーズ］のすごさは、それまでチーズにあまりなかった裂けるという概念を見いだし、チーズを裂く快感を極限まで追求したところにある。［ちぎりパン］はパンにちぎりやすい大きさのくびれを作り、かつ口に出して言いたい商品名のポップさを生み出したところがすごい。この【ちぎれるバターブレッド】を企画した人たちは、その雰囲気に近づけつつ完全な引用にならないように［ちぎり］から［ちぎれる」とオリジナリティを含んだ結果、言葉の矛盾を生み出してしまった」

「そうか、この商品を作った人はもっとオリジナリティを追求したかったのかもしれないですね、源さん」

その時、この世から一つの怒りが消えた。

結局閉店まで楽しく話し、カフェを後にした。時刻は深夜4時。タクシーに乗る前にコンビニで買い物をすることになった。自分がおにぎりを選んでいると、ハマくんがすごい形相で走ってきた。

ハマくんの手にはパンが握られ、パッケージにはこう書かれていた。

【ちぎれるやわらかレーズンブレッド】

声を揃えて叫んだ。

「パンは元々ちぎれるし、大体やわらかいよ!」

電波とクリスマス

初めて自分の歌を作ったのは、たしか14歳だった。

親からおさがりでもらったガットギターで、古くびろびろに伸びたナイロン弦をそのままに、音の少ない簡単なコードで歌い始めた。技術も歌心もない、それはひどい、もうまったくひどい歌だった。

高校生になり、カセットテープでアマチュア・レコーディングができる機材を友人から借り、宅録を始めた。親が誕生日に買ってくれた、小さくチープなドラムセットに毛布やタオルケットをかぶせ、音が近所に響かないように録音した。重ねて入れるギターも声も、迷惑にならないほどほどの大きさに。自分の声がとても嫌いだったから、シンガーソングライターになろうなんて考えていなかった。ただの趣味であった。

18歳で一人暮らしを始めた。6畳一間の風呂なしアパート。ゴキブリやネズミと部屋をシェアした。隣に住む青年の愛の営みが振動や音となって、アパート全体に響き渡る4Dサラウンド仕様の建物。だからギターなんて鳴らそうものなら、真下に住んでいる管理人のおばちゃんから箒片手に怒られた。それでもなんとか鳴らそうと苦心していたら、最小限の音で作曲できるようになった。雨の日には、音が響かないのでよく歌を作った。嵐の日には、雨風が完全な防音装置を作ってくれた。大声で歌いギターをかき鳴らした。誰にも何も言われなかった。

夜中、眠れないときはいつも歌を作った。

詞を書き、作曲しながら、今、これが誰かに届けばいいと思った。

この、隣の部屋にも聞こえない小さな歌が、ラジオの電波のようにどこかへ飛び、今誰かが受信しているはずだ。そう思い、妙に確信していた。

でもそれは、若者特有のナルシスティックなどうしようもない願いだとも思っていた。クズであり、敗者であり、1円の価値もなく何者でもない人間の無様な幻想だと思っていた。

20歳でボーカルのいないバンドSAKEROCKを結成し、それがきっかけで音楽業界に足を踏み入れた。細野晴臣さんの勧めで、コンプレックスから封印していた歌うことに対する想いに腹をくくり、『ばかのうた』というファーストアルバムを制作した。気がつけば、横浜アリーナでライブしていた。作曲し始めた頃の自分と、今の自分、これからの自分を繋げるライブにしたい。2日間公演のうち、初日は弾き語りになった。

あの頃、6畳一間の中のさらに狭い、2畳ほどのサイズまでしか聞こえない小さな小さな音で作った曲を、広大な横浜アリーナで歌う。ピンスポットが自分を照らすと、周りは真っ暗で何も見えなくなった。その瞬間、1万2000人の観客は消え、ひとりぼっちになった。

あの頃、夜中、寝静まり、音もしない街で何の未来もない自分の無能さに押しつぶされそうになり、眠れず、意味もなく片眼から涙を流し、息苦しくなって掛け布団をゆっくりとはぎ取り身を起こし、傍らにあったギターで真っ暗な中歌を作った、あの瞬間。それが今、歌っているこの瞬間と繋がった。こんなことがあるのかと思った。

あのとき「誰かに伝われ」と心から飛ばした電波は、幻想でも、ナルシスティックな妄想でもなかった。何年もかけてゆっくりゆっくり飛んでいき、ここにいる大勢の人たちの元に届き、受信されていたのだ。無駄なものだと思っていたあの想いは、ここにちゃんと繋がっていたのだ。

輝き

無駄の中に
過ぎた時間に
ともってる灯

『ひらめき』という曲を歌うと、横浜アリーナが6畳間のように狭く感じた。大げさでも誇張でも何でもなく、お客さんとの距離がとても近く感じた。最後の曲が終わると客席に明かりがつき、たくさんの人が拍手をしてくれた。

「大きいステージでやるライブは本物の音楽ではない」

「狭いライブハウスでやるものが正義だ」

自分も昔そう思っていた。だが、それは間違いである。

音楽、そしてライブにおいての広さや距離というものは、会場のサイズで測られるものではなく、演奏している音楽家と、聴いているお客さんの心の距離の近さによって測られるのだ。

とても幸福な時間だった。どれだけ会場が大きかろうが、あの2日間、横浜アリーナは最高に狭かった。

公演を終え、1週間後のクリスマス。イブにプレゼントをくれた友人にお返しのプレゼントを買いに行った。渋谷のスクランブル交差点、会社員やカップル、学生の集団など様々な人々でごった返す中、一人、赤いサンタ帽をかぶり、ペットをつれた、焦げ茶色のボロボロのコートを着たおじいさんとすれ違った。

手に繋がれたひもの先には、小さいサンタ帽をかぶったタワシがあった。

ペットではなかった。おじいさんは、ただタワシをずるずると引きずって歩いていた。何を言うわけでもない、派手に動くわけでもない、ただまっすぐに交差点を歩いていた。喧騒と人の波にゆっくりと交ざっていくその背中は、なんだか「伝われ」と叫んでいるように見えた。

交差点の人ごみの中、その背中をずっと眺めていた。

友人

ツイッターやフェイスブック、インスタグラムなどのSNSを自分はまったく使わない。そういった場で文章を書くことが苦手で、何を書いたらいいものか悩んでしまう。歌を歌い、お芝居をし、エッセイや歌詞を書くことで表現欲は十分に満たされている。だから、たまにツイッターのスタッフ・アカウントを借りて、コメントでのプロモーションをするくらいしかしたことがなかった。

と、いうことになっている。

本当のことを言うと、私には、こっそりツイッターをやっていた時期がある。

2013年の病気療養中、とにかく寂しかった。誰かと会話したいが、もし実際に友達や仕事仲間と会ったら、働けず、情けない己の現状を痛感し、元気な相手と接したことを後悔し、落ち込んでしまうだろう。

しかし私は人恋しかった。ふと思いついた。

「ツイッターを使って、一から友達を作ってみよう」

世の中では、芸能人やミュージシャンなどが公式のアカウントではなく、ごく限られた友人や家族だけでフォローし合って使う別名のアカウントを「リア垢（リアルのアカウント）」と呼ぶらしいが、自分がやっていたことはそれとは別物だ。

星野源としてやるのではなく、仕事やパーソナルな情報も一切書かない、そんなまったく別人としてのアカウントを作った。

実際の友達や、家族、仕事仲間にも、アカウントのことは誰一人伝えず、知り合いもフォローしない。名前も年齢もすべてが違う、言うなればフィクション・アカウント、「ニセ垢」を作ったのだ。そうすれば、現実の辛い状況を少しでも忘れ、誰かとコミュニケーションが交わせるかもしれないと思った。

決めたことは4つ。
・自分の名前や情報は絶対に出さない。
・ポジティブなことだけを書く。
・批判、批評は一切書かない。
・嘘は書かない。
しかし、始めてすぐに気づいた。ツイッターというものは、何をつぶやいても、フォロワーがいなければその言葉に反応してくれる人は皆無であり、友達の輪は1ミリも広がらなかった。リアルでの交友関係がまったく使えず、ツイッター内での知り合いも一人もいない状態なのだから、広がらないのも当たり前だ。

ハッシュタグを付け、過激な言葉で何かを批判すれば、何かしらの反応はあるかもしれないが、自分は意見を言ったりストレスを発散したいわけではなく、ただ誰かと会話がしたいだけなのだ。ネガティブなことは言いたくない。別人として書くが別人格ではないので、でたらめを言ったり媚びへつらって誰かの気を引いたりするのも禁止だ。

しかしそれではいつまでたってもフォロワーは増えないため、ひとまず、適当に選んだ人にこちらから挨拶してみることにした。

「こんにちは！」

返事はない。正体不明の自分が挨拶して返事が来るほど、この社会は甘くなかった。ひとまずプロフィール欄に自己紹介を書いた。音楽とイラスト好きの会社員というなるべく実在感のある設定にし、架空の出身地と年齢を書いた。

うんともすんとも言わない。知恵を絞った結果、自分の好きな絵描きさんが、イラスト付きでつぶやいたツイートにリプライ（返信）を送ることにした。こちらから声をかけるのではなく、不特定多数に向けたコールへレスポンスすることで、もしかしたらコミュニケーションできるのではないかと思った。

「イラスト最高でした！（略）いつも応援しています」

すると5分後にディスプレイに通知のマークが光った。

「ありがとうございます。これからも頑張ります！」

飛び上がって喜んだ。

返事をしてもらうということは、こんなにも難しく、そして嬉しいものなのか。

それからはマンガ家、音楽家、ダンサーなど、主にプロではなく、趣味や同人で作品を発表している人に、賛辞という返信を積極的に送った。もちろん、その作品を観て、心から感動したものに限った。

続けていくと、返信がたくさん来るようになり、返信が会話になり、会話が横道に逸れ、日常会話になり、ついには、自分をフォローしてくれる人まで現れた。ゼロからの友達が、ついにできたのである。

仕事へ向かうフォロワーが、

「行ってきます！」

とつぶやいた。

「行ってらっしゃい！　頑張って」

と返信する。

「ありがとう！　頑張ります！」

と返ってくる。

それだけで本当に元気が出た。今日も一日頑張ろう、という気になった。いつの間にか、そんな挨拶をするだけの友人が20人もできていた。

しばらくして療養が明け、仕事が始まると同時に忙しくなり、ツイッターはほとんど使わなくなってしまった。今でもたまにつぶやくと、通知のマークが光る。あの時、助けてもらった感触がよみがえる。

きっと、一生会うことはない友人。あの時は本当にありがとう。

作曲をする日々

年が明けてからというもの、ずっと曲を書いている。

ふた月で10曲ほど作らなければならなかったので、家の中や、ドラマ撮影中の楽屋で、既に録音した別の曲のミックスダウン作業中のスタジオのブース内で、ギターがなければ鼻歌でレコーダーに簡易録音し、ギターがあれば弾きながら作った。

この期間、ノリの良い曲を作ることが多く、ピックをよく使う。ピックとは指を痛めずにギターの弦を弾くための、薄くて平べったい三角のアレである。自分はフェンダー社製べっ甲色のおにぎり形ピックをよく使っている。薄くて小さいのでいつもすぐになくしてしまう。数回使うとへたってくる消耗品なのでいつもたくさん用意するのだが、気がついたら残り一枚になっていた。

仕事が重なり疲労困憊だったある日、スタジオの中でミックスを待ちつつ、べんべんアコースティック・ギターを弾きながら曲を書いていると、最後のピックが指からポロッと外れ、弦をすり抜け、ギター中央にあるサウンドホールの中に落ちてしまった。

よくあることなので別に気にすることはない。ホールが下に向くようにしてギターを振ればすぐに出てくるからだ。と思ってユサユサするが全然出てこない。「カラカラ」と小さな音を立てているのでギターの中を移動している感じはあるのだが、一向に出てくる気配がない。最終的にはいくら振っても揺すっても「カラカラ」という音すらしなくなってしまった。なんなのだ。違う世界線に飛んで消えてしまったのか。

時計を見ると、スタジオを出る5分前だった。まあいいや、今日はこのくらいにしよう、そう思ってギターをケースの中にしまった。

時を同じくして、新年が明けてすぐに撮影が始まったドラマの現場は、とても面白く充実したものだった。

NHKドラマ『紅白が生まれた日』は実話が元になっている。終戦直後、GHQに接収された国営放送局（のちのNHK）の中で、戦後教育の一環ではないエンターテインメントとしてのラジオ番組『紅白歌合戦』を企画し、放送しようと奮闘する日本人ディレクターの話だ。

主演は松山ケンイチさん、本田翼さん。その二人の前に立ちふさがるのが、自分が演じるGHQ側の日系アメリカ人の軍人だ。とにかく厳しく、上官の命令が絶対の堅物だが、二人の主人公に出会い、揺さぶられ、見せないようにしていた本当の人間性が表れてくる。

日本生まれで育ちはアメリカ。そんな日系アメリカ人の設定なので、英語の台詞が少しあった。なぜかスタッフの皆さんは「星野さんは音楽もやっていますし、耳がいいので大丈夫ですよ」と謎の安心感を与えてくれたけれど、やっぱり怖いので友達に紹介してもらい、個人的に英語の先生を雇うことにした。

先生といっても10歳年下の、アメリカとイギリスで育ったネイティブの発音が完璧な日本人だ。細かく、明るく、熱心に教えてくれた。彼が喋るアクセントをまったく同じに言えたと思っても、「ノー。違いますね」と、何度も何度も違いを教えてくれた。自分でも発音していくうちにニュアンスの違いが少しずつ聞こえはじめ、理解できるようになるプロセスはすごく楽しかった。

ギターを弾き始めた中学の頃、楽譜やバンド譜を買うお金がないので音源を聴いて耳コピするしかなかったことを思い出した。最初は何のコードなのか、ベースラインがどう動いているのかまったくわからず途方に暮れたが、諦めきれずに何度も何度も聴いていたら、少しずつ、音の微かな違い、楽器の違い、コードのテンションの違いがわかってきた感覚と似ていた。面白い。

こうなってくると、いつかは自分の曲でも、ちゃんとした英語の発音で歌いたくなってくる。

「星野さん、英語で歌うと超楽しいっすよ」

最近自分のバンドを組んだという先生は、そう言ってニッコリと笑った。

彼の教えのおかげで撮影は無事にクランクアップした。上官役のアメリカ人俳優の共演者とも「あーいぇー」とか「ぐれいつ」とか言いながらコミュニケーションも取れるようになった。

家に帰り、さて作曲しなきゃとノリノリでギターを抱えた。ちょうど体と心にはアメリカンな匂いが残っている。ディスコティックな曲でも作ろう、とギターを弾こうとしてはたと気づいた。

ピックがない。

しまった。家用のピックも切らしていた。ピックなしの指弾きでテンポの速い曲を作るのは難しい。なんなのだ。このせっかくやる気になっている良いタイミングに。この高鳴る気持ちをどうしたらいいのだ。

そう思いひとつため息をつくと、腹のあたりから「カラカラ」と小さい音がした。

するといきなり、軽やかに、ギターのサウンドホールからピックがカランと飛び出し、どうぞと言わんばかりに目の前のテーブルに着地した。

Here you GO!

一期一会

週一のペースでNHKに通っている。

内村光良さんのコント番組『LIFE!〜人生に捧げるコント〜』第3シリーズの収録が始まり、レギュラー出演者として何本ものコントを撮った。

NHKはいつもたくさんの人でごった返している。アイドル、大河ドラマに出演中の武士たち、何をしているのかわからないが仙人のようなオーラを纏っている老人スタッフまで。様々な人種職種の人間たちががやがやと廊下を歩き、一緒の食堂でパクパクと飯を食っている。

別の番組でご一緒したスタイリストとたまたますれ違って世間話をしたり、自分のライブで演奏してもらったミュージシャンを見かけて挨拶したりと、顔見知りと再会することもよくある。数年会っていなかった友人に声をかけられ話をしたりすると、出会いというのはとても大切で、一度きりなのではなく、どこまでも繋がっていくものなのだなとふと思う。

あるコントの収録が終わり、「トイレ行ってきます」と最寄りの男子トイレに入った。そこは子供でも用が足せる縦長の小便器が5つ、洋式便器の個室が3つ、和式の個室が1つという大きめの男子トイレだった。

入って一番近い小便器の前に立ち、ズボンのチャックを開け、用を足していると、緑色のかわいい衣装を着た4歳ほどの子供が入ってきた。彼は他にもたくさんある小便器の中から自分の隣を選択してズボンを下ろし、冷めた口調でこう言った。

「……地獄だった」

驚いて彼のほうを見ると、まっすぐな瞳で自分を見返してきた。数秒目が合い、用を足し終わった彼はズボンを上げ、トイレから小走りで出て行ってしまった。

自分もチャックを上げて手を洗い、急いで廊下に出て彼の後ろ姿を見ると、同じ衣装を着た別の幼い子供2人と、母親らしき女性、プロデューサーらしきスタッフと共に、かわいく、談笑しながら歩いていた。

あんな歳で地獄を見ている。

やはりNHKは面白い。またいつか、彼に会いたいと思った。

その数日後の夕方。渋谷に買い物に向かう為にタクシーを止めようとしたが、一向に捕まらない。大通りに出て15分が経過したが状況は変わらず、運の悪さに少し苛立ち始めた。

すると、遠くのほうから「空車」ではなく「回送」と表示を出したタクシーがこっちに向かってくる。もうどうでもいいや、といい加減な気持ちで左手を挙げたとたん、そのタクシーは停車ランプを点灯させ目の前に止まってくれた。後部座席のドアが開き中に乗り込むと、助手席の後ろ側に大きな貼り紙がしてあった。

「一期一会」

その言葉の横には運転手らしき人の写真とプロフィールが300字ほどの文章にまとめられていた。名前はMさん。そんな詳細な自己紹介を見たのは初めてで、どうやら旅行ライターなどの職を経て、タクシードライバーになったようだ。行き先を伝え、車が発進する。

「回送ってなってたけど大丈夫なんですか？」

そう訊くと、年の頃40代前半の男性は、落ち着いた声で言った。

「ガソリン入れようと思ってたんですが、渋谷までなら大丈夫ですよ」

なるほど、とうなずいて運転席のシートの後ろ側に目をやると、そこにはA4サイズほどの映画のポスターが貼ってあった。

『タクシードライバー』

マーティン・スコセッシ監督の名作映画で、主演のロバート・デ・ニーロが肩身狭そうにタンカースジャケットのポケットに手を入れ街を歩いている、印象的なポスターだ。しかし、よく見ると、ポケットに手を入れ歩いているのはデ・ニーロではなく、顔だけコラージュされたMさんだった。

主演の欄にもデ・ニーロではなくMさんの名前が書いてあり、その横には「本当はデニーロ♪」と説明文まで足され、監督名に〝マーチン・スコシーシ〟と書いてある。ふざけている。つい吹き出してしまった。

「このポスター面白いですね」

「ありがとうございます。運転手さん映画出てるんですかって言われるんですよ」

Mさんは助手席から一枚の紙を取り出して渡してくれた。それは、本物の『タクシードライバー』のポスターだった。よく見ると、そこにも「スコシーシ」と書いてある。

「あれ、スコシーシ?」

「これはそのままなんです。昔、日本では〝スコセッシ〟ではなく、〝スコシーシ〟と呼ばれてたみたいですよ」

目から鱗が落ちた。笑ってしまった自分を心から恥じる。

通常ダイエット広告などの冊子が置かれている場所にMさんのブログ宣伝チラシが入っているほか、格言など貼り紙だらけの車内ではあったが、Mさんご本人は何もアピールすることはなく、こちらの質問にも温和に簡潔に答えるだけだった。渋谷駅に到着し、料金を払うとMさんは言った。

「ごきげんよう」

ドアが開き外に出ると、自分と入れ替わりでポケモンのイラストが印刷された大きな袋をいくつも持ったイギリス人らしき老夫婦が乗り込んだ。ガソリンは大丈夫なのか、と少し気になった。

タクシーは発車した。やはり東京は面白い。またいつか、彼に会いたい。

HELL

人間

2年前の2013年冬。森ノ宮ピロティホールで行われた「笑福亭鶴瓶落語会」の大阪公演、その打ち上げ会場の居酒屋にいた。

病気療養中の時期で、毎日トレーニングで基礎体力向上に努めていた自分を、鶴瓶さんが厚意で大阪に呼んでくれた。

「この後ないやろ? 大阪やし。打ち上げ行こうや。俺についてき」

終演後楽屋に挨拶に行くとそう言って、知り合いもおらず一人で来ていた私をそばに引き寄せた。

大勢のスタッフ、大阪公演を見に来た関係者がいる中、心細い気分であった自分を隣に置いて、鶴瓶さんは酒を飲み始めた。今日の噺の出来、この年になって落語をより本格的に始めた経緯、奥さんとの面白いエピソード。ステージとなんら変わらない口調で周りを笑わせ、楽しませてくれた。

酔いが回ってくるにつれ、自然と中村勘三郎さんの話題になった。

『化物』という歌がある。

12年末、3rdアルバム『Ｓｔｒａｎｇｅｒ』の制作中、ある曲の作詞に行き詰まり、苛立ち、自分の顔をボコボコに殴り、ふがいなさに泣き叫んだ。締め切りをはるかに過ぎたレコーディング当日、何とか書き上げスタジオに向かい、歌を吹き込んだ直後くも膜下出血で倒れた。

その時に録音していた曲が『化物』だった。歌詞は、03年の舞台『ニンゲン御破産』に出演させてもらった際に、当時まだ襲名前の「中村勘九郎」だった勘三郎さんに聞いたお話を基に書いた。

「たくさんの人に拍手もらって帰るでしょう。でも、家に帰ってシャワーを浴びながら髪の毛洗ってるとねえ、本当にひとりなんだ」

公演当時、演技について、心底悩んでいたと後に聞いた。あんなに輝いていて、スタッフからも出演者からもお客さんの全員からも好かれ、愛され、悪いところなんて一つも見あたらない人なのに、満足せず、まだ目標を持ち、戦い、心底悩み、故に孤独になるのか。そんなことを思い出しながら書いた。

風呂場で泡立つ
胸の奥騒ぐ
誰かこの声を聞いてよ
今も高鳴る
体中で響く
思い描くものが
明日を連れてきて
奈落の底から
化けた僕をせり上げてく

不甲斐ないが諦めきれない自分と、今は亡き勘三郎さんへの敬意と、憧れを重ね合わせた歌詞になった。

休養明け、復帰の武道館公演で『化物』を1曲目に歌った。お客さんには、復活を感じる歌詞が私自身の歌のように響いたらしい。「星野さんの復活を予言した歌ですよね」取材でもそう言われるようになった。勘三郎さんが、「源ちゃんの歌にしてあげるからね」と優しいプレゼントをくれたようだった。

「勘三郎はほんまアホやで」

鶴瓶さんは勘三郎さんと無二の親友で、仕事仲間だった。打ち上げも佳境にさしかかった頃、生前勘三郎さんがした悪戯や、トラブルの話で盛り上がった。爆笑に次ぐ爆笑。今は亡き人のことでこんなに笑えることはそうなかった。

「人間は死んだら終わりなんや」

鶴瓶さんが少し声を荒らげて言った。

「勘三郎みたいな、あんなすごいやつでも、あんな偉業を成し遂げた男でも、死んでしまったら、みんな忘れてしまうやんか。俺はそれが悲しい」

自分を含む周りの席が、少しだけ雰囲気を変えた。鶴瓶さんの目がまったく笑わなくなったからだ。

「まだ勘三郎が死んでから1年やろ。なのにもう、みんな忘れる。死んだら終わりやで」

キッとこちらを向いた。

「だから源ちゃんは死んだらあかんねん。ほんま、死なんでよかったなあ」

ニッコリと笑ったが、その真っ赤になった顔は少し悲しそうだった。

それから2年が経った。翌年の落語会にもお邪魔させていただいたり、毎月1回行われる無学の会というイベントのゲストとしても出演させていただき、交流は続いた。

春から夏にさしかかった4月末、鶴瓶さんから電話があった。

「源ちゃん、今『鶴瓶噺』やっててな」

約2時間の舞台が、ノンストップのフリートークのみで構成される『鶴瓶噺』。落語会には足を運んでいたが、『鶴瓶噺』は未見だった。行ってもいいですか？ とお願いすると快諾してくれた。

開演すると、ステージに鶴瓶さんが手を振りながら現れた。

「全然寝てていいですから、いつでもトイレ行っていいですからね」

客席のご老人に話しかけ、鶴瓶噺がスタートする。この一年溜めたネタ、本当にあった面白いエピソードを次々と話す。とんでもないエピソードに爆笑し、堪え笑いをクスクスと会場全体で共有しているうちに、あっという間に時間が過ぎていった。

「今年は、うちの師匠の笑福亭松鶴の三十回忌なので、おやっさん（松鶴）のことを話すっていうことでやろうと思ったんです」

そこから、松鶴師匠のエピソードを話し出した。弟子入り直後からテレビスターになってしまった鶴瓶さんと他の弟子とのバランスを取るために、一度も稽古をつけてもらえなかったこと、しかし、代わりに師匠は自分の落語をテープに録り、それを書き起こさせるという仕事を任せ、それが間接的な稽古になっていたこと、悪酔いして帰ってきた師匠に弟子が傘で滅多刺しにされて面白かったこと、笑いの隙間に様々なエピソードを織り交ぜ、最後にこう語った。

「人間は、死んでも終わりじゃないんです」

2年前の言葉がフラッシュバックした。

「残された者が、その人を語り、バトンを繋いでいきますから。だから、人間は死んでも終わりじゃない。それが、今回私が言いたかったことです」

その言葉で、鶴瓶噺は幕を閉じた。

「人間は死んだら終わりなんや」

「人間は死んでも終わりじゃない」

この2つの言葉の間に、どれだけの想いと、憤りと、決意があったんだろう。

帰り道、山手通りを歩きながらそれを想い、ひとり泣いた。

ぽいっ

SUN

彼はいつも寂しそうだった。

ステージの奈落からスーパージャンプして観客の前に飛び出すと、爆音で鳴り響く破裂音、火や煙の特殊効果とともに数万人の観客が絶叫する。失神したファンが次々とスタジアムの観客席外に運び出される。まだ音楽は鳴っていない。人々の絶叫、それだけが聞こえる。彼はピクリとも動かない。何分も動かない。曲のイントロが鳴り始めると、リズムに合わせて踊り出す、歌を歌い始める、数万人がシンガロングする。会場が揺れる。圧倒的なパフォーマンス。しかしその表情の奥は、いつも寂しそうだった。

埼玉県川口市芝、古く小さい賃貸の一軒家。玄関がある1階の半分は潰れたスナックの跡で、そのスペースは物置として使用されていた。7畳ほどの居間の壁際に立てられた父親自作の木棚に、ブラウン管の小さなテレビがはめ込まれている。そこでは、マイケル・ジャクソンが汗を流し、歌い、踊り、ムーンウォークをしていた。

その頃、私は寂しかった。小学校低学年の教室の中では、あまりうまく立ち回ることができなかった。人が好きすぎる為に、執拗にコミュニケーションを取り、ウザがられた。いつの間にか、そのことを正当化するように「自分は人が好きではない」と嘘の設定を作り出し、黙るようになった。

マイケルのダンス、そのパフォーマンス、歌声の素晴らしさ、楽曲の楽しさ、切なさ、そしてなぜだか瞳の奥に感じる寂しそうな雰囲気に、おこがましくも心が重なり、そのすべてに夢中になった。

彼の音楽は、街で流れている洋楽、流行っている邦楽とは、明らかにスネアの音が違っていた。眠い目に水をぶっかけられたような、丸い背中を思いっきり叩かれているような、ハッとするような刺激的なビート。しかし聴いていて耳が痛くなることはなく、心地よく自分の中に眠っている血がふつふつと沸騰するような、音楽が目覚めていくような、そんな感覚があった。

それから25年が経った。

私は大人になった。寂しくなくなり、また人が大好きになった。マイケルは前乗りで天国に行ってしまった。私は音楽家になっていた。

新曲のテーマは1年ほど前から決まっていた。70年代末から80年代初期のダンスクラシック、モータウン、R&B、ソウルミュージックを日本のポップスとして成立させること。ほぼ同じコンセプトの楽曲『桜の森』が完成したのはちょうど1年前。大好きな曲になったが、ただひとつだけ気がかりなことがあるとするなら、ポップスの土俵まではあがれなかったという想いだった。

自分が今作りたい音楽に必要なこと、それはなるべくステイすることだ。楽曲の構成を大幅に変化させたり、わかりやすく盛り上がってはいけない。変化の少ないビートの繰り返しの中で、複数のレイヤーとしてメロディやコード進行が重なってゆき、聴く人の内面から盛り上がっていくように作りたい。それが、自分が多くのソウルミュージックに感じるステイするという感覚だった。

一方、日本人の先輩たちが作り上げた世界のどこにもない日本特有のポップス、J-POPは、内面だけではなく、表面的にも盛り上がっていかないとPOPとは認識されにくい。

ステイする感覚を大事にしたい一方、そういった盛り上がる要素、ドラマティックな要素、日本的なサビというものが、私は大好きだ。勇気をもらい、元気をもらい、感動する。ブラックミュージックもJ-POPも両方大好きだからこそ、どちらも適当にはしたくないと思った。

その塩梅の調整を頭の中で構築するのに、結果的に約1年かかってしまった。ポップスなのに腰が動く。ダンスクラシックの匂いを感じるのにサビがある。そんな曲にしたくて、改めてマイケルや他のソウルアーティストのビート、スネアのタイム感を研究した。

歌詞の内容は、難しいものではなく、わかりやすく明るいものがいい。意味がないほど明るい。意味不明に明るい。この世で一番明るいものはなんだろう。

太陽だ。すべてのものに光を与え、命を与え、煌々と輝きながらも、誰もその実態に近づくことはできない。

マイケルみたいだと思った。世界中に元気と希望と音楽を届けていたのにひとりぼっちで、誰もその心に近づくことはできなかった。タイトルは『SUN』になり、歌詞には、マイケルへの個人的な思いを忍ばせた。

Hey J
いつでもただ一人で
歌い踊り

Jはジャクソンの頭文字であり、自由の頭文字でもある。聴いている人それぞれに自由に当てはめてもらい、曲がその受け皿になればいいと思った。

君の歌を聴かせて
深い闇でも　月の上も
すべては思い通り

ミュージックステーションに出演したとき、「月の上も」と歌いながら、ふと思い付いてムーンウォークをした。マイケルをブラウン管の中に観た日と、今が繋がった気がした。

KING OF POP
SOURCE OF STAR

ある日

目は瞑ったままだ。

今は何時だ。

昨夜の就寝前、寝室の明かりを消した時、締め切った遮光カーテンの中央はベランダ側から入り込む夜明けの光で青白かった。今は閉じたまぶたの向こうに暖色系の光を感じる。6月末。頭上にあるカーテンの向こう側では、梅雨の終わりを錯覚するような爽快な晴れ間が広がっているはずだ。

このまま起きるか、もっと寝るか。

昨日は丸一日『LIFE!～人生に捧げるコント～』の収録だった。朝9時半から少々体を張るコントに出演した。肩から地面に突っ込むような動きをした。昼飯を食べながら、肩のあたりの筋肉が千切れているのがよくわかった。22時過ぎに終了し、そこからジムでさらに体を鍛えた。行きつけの蕎麦屋でおそい夕飯を食べ、深夜に帰宅し、そこから映画を一本鑑賞した。それから寝た。

少したるんだ腹の肉をつかむ。寝ぼけていた意識が、痛みを感じるようになる。腹筋、肩、肩甲骨あたりの筋肉痛だ。着ているTシャツが濡れていることに気づく。まだ寝ていたいが、襟首から肩にかけてびっしょりなので気持ちが悪い。再度眠りに落ちるためのハードルが少し上がった。

仰向けの状態から回転し、左手をぐいっとベッドの下に下ろしてうつ伏せになり、めざまし時計を手に取った。

眠ったのが朝の5時だと仮定する。13時を過ぎていたら8時間は寝ていることになるから、このまま起きればいい。それ以下だったら、無理矢理にでも寝る。薄目を開けて時計を見た。

11時37分だった。

カッと目を見開いた。思ったより早い時刻。まあいい。6時間は寝た。体を持ち上げベッドから降り、茶色のカーテンを勢いよく開けた。晴れ間はなかった。小雨だった。先ほどの梅雨明けの予感はなんだったのか。

洗面所に移動して歯を磨く。スマートフォンでYouTubeのアプリを立ち上げ、適当に音楽を流した。

このところ、リビングにあるCD棚よりも、ネットに繋がったYouTubeのほうが距離が近い。「音楽が聴きたい」という発想から曲の再生まで、それが一番早い。なぜだかわからない。しかし、この感覚を認めることは、これからも音楽の仕事をやっていく上で大切なことだと思う。

「俺は音楽家だから、より良い音のアナログ盤やCD、ハイレゾで音楽を聴かないといけない」

なんてふうに、己の気持ちをもみ消すことはしてはいけない。

今の時代における音楽の在り方と向き合うためには、リスナーとしての自分の感覚に素直になるしかない。この世界で音楽家と名乗り、仕事をするなら尚更だ。音楽はどんな聴き方でも音楽であることに変わりはない。何で聴いても音楽は楽しい。どんな環境でも、同じように楽しんでもらえる音楽を作れるようになりたい。

歯磨きが終わって、バナナを1本食べる。オレンジジュースを飲む。いつも「歯磨きの前に食べればよかった」と思うが、それはそれで口の中が気持ち悪い。果物を摂取してひとまず体を起動させると同時に、PCを起動させ、メールをチェックし、返信する。ついでに行きつけのゲーム情報サイト、アニメ情報サイト、動画サイトを巡回する。どうでもいい動画を観る。気がつけば14時を回っていた。

傘をさして近所のカフェに出かける。小雨は普通の雨に進化していた。ノートPCで先日受けた雑誌取材のインタビュー原稿の校正、今度出る拙著の文庫の校正をしながらジンジャーポークという名の生姜焼き定食を掻き込む。コーヒーを2杯飲む。便意をもよおし、会計を済ませ、店を出るついでにトイレを借りた。

そのまま路上でタクシーを止め、8月に行われる一人きりの武道館ライブ『星野源のひとりエッジ』のリハーサルへ向かった。曲目や、幕間に流れる映像のアイデアなどを話し合い、10曲ほど歌の練習をした。

数時間が過ぎ、時刻は20時を過ぎていた。声は嗄れてしまった。帰りに行きつけの蕎麦屋に行って晩飯を食べた。文化放送のアプリを立ち上げてイヤホンでラジオを聴きながら、歩いて家に帰った。

ドアを開け手を洗いうがいをし、リビングに行きPS4を立ち上げ、『ホットラインマイアミ』というゲームで遊ぶ。ファミコンのような粗いドット絵の画面で、かわいらしいマフィアをたくさんやっつけた。いろんな武器が使える、血のたくさん出る、カチ込み版のパックマンみたいな、そんなゲームだ。

頭の中が綺麗に無になったところで、作曲を始める。ギターを鳴らし、歌い、アイデアをひねる。ひと段落する頃には明け方の4時になっていた。慌ててシャワーを浴びた。今日は昼から雑誌の表紙撮影だ。髪の毛を乾かし、ベッドに横になり目を瞑った。

楽しい一日だった。眠りに落ちそうになった時、ふと『ダ・ヴィンチ』の「いのちの車窓から」が今日締め切りであることを思い出した。

全く書いてない。ガバッと勢いよく起き上がり、暗闇の中、ノートPCを立ち上げた。起動までの間、欠伸をし、ふとカーテンを見ると、端がぼんやりと青白かった。そういえば昨日の就寝前もこんな感じだったな。

それから一行目を書き始めた。

目は瞑ったままだ。

今は何時だ。

文章

「星野さんは、どうして文章を書くのですか？」

小さいノートにメモをしながら、プリントした質問案を両手に握りしめながら、ノートパソコンを傍らに置きながら、取材でインタビューをしてくれる方々は、キラキラと表情を輝かせながらそう訊いてくれる。

本当に良い言葉を期待してくれている時もあるし、興味はないが仕事だから失礼のないように、しっかり興味があるように演技をしてくれている時もある。どちらも本当にありがたい。

「俳優としても音楽家としてもお忙しいのに、文筆活動をされる理由は何ですか？」

エッセイに夢中になったのは16歳の時である。

松尾スズキさんの『大人失格』、そして宮沢章夫さんの『牛への道』。名著と謳われる2つのエッセイ集を読んだことがきっかけだった。学校の中で小さな演劇活動をする最中、上演できそうな戯曲を探すために立ち寄った本屋の演劇コーナーでふと手に取った。文字を読んで腹を抱えるほど笑ったのは初めての経験だった。

子供の頃から読書が苦手であった。感覚で読んでしまえるマンガは大好きでいつまでも読んでいられたが、随筆や小説などは読んでいる最中に必ず違うことを考えてしまい、ぼんやりしながらページだけが進み、気がついた時には地方鉄道で寝過ごしまったく知らない駅に着いてしまった時のように、本の中でひとり迷子になった。

しかし、その2つのエッセイは最後のページまで自分の手を握ったまま、本の中の終着駅まで連れて行ってくれた。

二人に憧れて、文章を書けるようになりたいと思うようになりました。そう答えることが一番多い。

「素敵ですね！」

文筆のことを訊いてくれる人は、本の話をすると喜んでくれる方が多い。だからもちろん嘘ではない、その答えを話すようにしている。

でも、もう一つ理由がある。

実はこちらのほうが本格的に文章を書く理由としては大きいものだった。取材としてはつまらないことかもしれないので、あまり大きな声で言えなかった。

メールを書くのがものすごく下手だったのである。センスのかけらもない。今軽く思い出しても胃のあたりが凹んだような苦しい感覚に陥る。自分のメールを受け取ってしまった人は、呪いのスパムメールを受け取った人よりも迷惑だっただろうなと回顧する。

20代前半、初めて自分のパソコンを持ち、PCメールを始めた頃の文章を検索してみる。開かずの扉を解錠するような気持ちで恐る恐るエンターキーを押すと、そこにいるのはまったく別人の自分であった。

了解でう～

虫酸が走るとはこのことである。誤字や打ち間違いではない。大昔の自分は、この「です」を「でう」と書くことをどのメールを読んでも、体内に卵を蓄えたチャバネゴキブリを生で飲み込んでしまったのではないかと錯覚するほどに吐き気のする、気色悪い文章がそこにあった。

「なんでこんなことを書いてしまったんだ」

当時も、送信ボタンを押した瞬間にすぐさまそう感じ、メール画面を開くたびに絶望していた。そういったセンスのなさに加え、いくら丁寧に文章を書いたと思っても、結果はいつも相手に伝えたいことが絶対に伝わらない言語化能力のなさが圧倒的に勝った。

本来言いたいことと、実際書かれている言葉がなんだか違うことはわかるのに、他に思いつかない故に送信ボタンを押すしかない切なさ。

しかし時が経つにつれ、様々な仕事が増え、メールの必要性はどんどん増していった。どれだけメールを送っても、考えても、書き直しても、文章は一向にうまくならなかった。

だったら仕事にしてみよう。

無理矢理にでも仕事としてやれば、他人の目にも留まるだろうし、下手な文章なら編集さんや世間から否定的な反応があるはずだ。強制的に切磋琢磨できる。もし、自分の文章がうまくなりいつか誰かに褒められたなら、それは実践がセンスというものを凌駕した瞬間であると思った。

個人的に知り合いの編集者さん数人に会いに行き、なんでもいいから書かせてくださいとお願いすると、ありがたいことに雑誌の欄外一言コラムをやらせてもらえることになった。

しかし、書いていても、ちっとも楽しくない。自分のセンスのなさと向き合い続けなければならないからだ。納得がいかなくても締め切りには提出しなければならない。そうこうしていくうちに任される文字数はなぜかどんどん増えていき、いつの間にか自分の本が出ることになり、何年も書き続けた結果、今では自分の想いをそのまま言葉にできるようになった。

メールを書くことも苦ではなくなった。むしろ物事をじっくり時間をかけて伝えることができるので、喋ることよりも自由を感じるようになった。

今は文章を書くことが、とても楽しい。

いつしかマンガもあまり読まなくなり、小説や随筆を読むことが多くなった。活字だけの世界にもかかわらず、驚くほどリアリティのある人間味を感じたり、紙の中で世界中を旅し、知らない場所に行ったような感覚に陥ったり、様々な人の心の中に入ったような気持ちになれる楽しさを知った。想像力のモーターがフル稼働する楽しさ、読書の快感を味わえるようになった。

そして自分でも文筆家としてエッセイを書くこと、目で見た景色と、心の中の景色を描写することが、一種のヒーリングのようになっている。

私は何を見たのか。どんな風景を見て心が動いたのか。その心の動き方はどんな様子だったのか。そこから何を考えたのか。

どんなにたわいないことでも、それをうまく文章にできた時、心の中が綺麗に整頓されたように、掃除したての湯船に入り、綺麗に体を洗ったようにすっきりとした気持ちになった。

「星野さんは、どうして文章を書くのですか？」

実際の答えとしては、こういったことでとても気持ちが良いからです。と言いたいところなのだが、説明が長くなってしまうので、松尾さんと宮沢さんに憧れて、とこれからも答えてしまうかもしれない。

今後の課題は、もっと簡潔かつ自由に喋り、相手に伝わる言葉で心のままに話せるようになることである。

了解でう〜

HOTEL

イヤホンをし、ノートパソコンを開いて、先日レコーディングした楽曲を聴きながら作詞作業をしていると、マッチが燃える匂いが漂ってきた。

あるホテルの最上階のバーにいる。

24時近いにもかかわらず、ホテルのフロア面積の約半分を使用した大きめのスペースはほぼ満員、大勢の客で賑わっていた。

オレンジジュースを飲みながら、2週間後に行われるライブの演出アイデアを練り、行き詰まり、そして歌詞制作に移行した。全面喫煙可の店なので、タバコの煙で視界は常に曇り、時折目がしばしばと痛い。

まだ自分の歌が吹き込まれていない最新音源が耳に流れ込んでくる。

レコーディングが好きだ。

家で作曲したものをスタジオに持ち込む。子供の頃、自分で小遣いを貯め、買った感覚と似ている。

プラモデル これから組み立てる。接着面の整え方、配色のバランス、パー の自在だ。目の前の可能性にすごくワクワクする。

すプレイヤーに演奏してもらうと、音楽はどんどん姿を変える。サウンドのパーツは一定ではなく、増える時もあるし、足りなくなってしまう時もある。しかしそれをその場のアドリブで補い、演出し、うまく発展させられると、パッケージイラスト以上にヤバいプラモデルが完成するかのように、面白い音楽が完成する。

まだ、この音楽を誰も知らない。

イヤホンを外すと、バーテンダーがカクテルを作る音と、様々な大人、日本人や外国人、カップルが楽しそうに喋る声、生ピアノで演奏されるジャズ・スタンダードの音が混ざり合ってノイズの渦となっていた。

小さい頃、家の中ではジャズのレコードがいつも回転し、両親がタバコを吸っていた。バーや、小さいライブスペースにもよく連れて行かれた。

ツアー先で宿泊するホテルの部屋や、新幹線の座席などが喫煙可だと落ち込むが、こういった社交場ではタバコの煙がいくらモクモクしていても、そこにジャズが流れているならなおさら、幼少期に両親に守られていた感覚を思い出し、安心し、温かい気持ちになる。

「源、寝ちゃってるわ」

目を瞑っていると母親の声がした。

寝たふりをするのが好きだった。親同士が自分の子守から少し解放され、話し出す会話をこっそり聞くのが好きだった。

小学校低学年、元気な子供ではあったが、夜遊びも深い時間になると少し眠くなり目を閉じる。すると「あ、寝た」と両親は自分を気にせず話を始めるのだ。

「源がこの間さ」

時たま自分の話題で盛り上がってくれるのが嬉しかった。透明人間のように、こちらを認識されず、父と母の会話や、その店に一緒に来ていた親の友人たちとの趣味の話や、車やコーヒー、ジャズシンガー、アニタ・オデイのアルバムについて、海外の映画の話など、子供にはわからない会話をこっそりと聞くのが楽しかった。

透明人間になりたかった。

[illegible]からず、何か楽しいイタズラをしてみんなを驚かせたかった。

うに運[illegible]きな女の子の机の上に、桜の花びらを窓の外から偶然入り込んだかのよ

3階のベランダから僕のランドセルの中身をすべて落とし、笑顔で取って来なよと言ったあの男子の鼻の穴に、先の尖った鉛筆を思いっきり奥まで突き刺したかった。飲むヨーグルトの紙パックに挿すストローのように上咽頭を突き破り、脳幹から脳まで届いた2Bの尖った鉛筆。体の記憶を司る小脳が破壊されたことによって体は誤作動を起こし、鼻血をボタボタと垂らしながら、訳もわからず、叫び声もあげられず、愉快に踊るような動きで死んでいく彼を想像して、ニッコリと笑顔になった。

『志村けんのだいじょうぶだぁ』の透明人間のコントで、女湯に忍び込むシーンを見てから、女湯にも行きたいと思うようになった。

あまり銭湯に行ったことのなかった自分は、テレビを見て、銭湯にも若い女性がたくさんいるのだと勘違いしていた。乳房や股間を凝視してみたかった。そんな透明の自分を妄想して、またニッコリと笑った。

しかし何をしても、誰からも自分のことを目視されないのが透明人間なので、どこまで想像を広げても、現実からかけ離れていっても、やはり最終的には寂しい気持ちになるのだった。

寂しくなると、寝返りを打ったり、わざと寝言のようなことを言って親たちの注目を集めた。それに気づき、両親は少し笑い、体をポンポン撫でられると安心した。そして最後は決まって本当に寝てしまった。

翌朝、抱えられて車に乗せられたこと、家について服を脱がされ寝巻きに着替えたことを朧げに頭の隅に浮かべたまま目覚めると、少しもったいなくて寂しくて、しかし楽しさだけが心に残っているような、そんな不思議な気持ちになった。

いつの間にか、ピアノの生演奏は終わっていた。歌詞は二行だけ書けた。

客の数は半分ほどに減っていた。

パソコンを閉じ、残っていたジュースを飲み干すと、ハイチェアから降り、会計をし、エレベーターに乗って部屋まで降りた。

ROOM

ホテルの部屋の扉を開けると、暗い室内に東京の夜景が飛び込んでくる。

窓に鼻をつけて街を見下ろすと、駅近くのビルボードは深夜でも煌々と光り、遠く離れ、高層階かつガラスを一枚隔てたこの部屋でも眩しさを感じた。

夜景そのものを楽しめるようになったのはつい最近で、それまでドラマなどでカップルが夜景を肴に楽しむ様を見ては、何が良いのかわからずにいた。

零時を過ぎても数名が働いている会社の窓。家族全員が静かに寝ているであろうマンションの窓。エアコンの室外機しかない狭いスペースに、堂々とビーチパラソルを置いているアパートの屋上。土を一面に敷いて植物を植え、綺麗な菜園を完成させている、陰惨な暴行事件があった商業ビルの屋上。

想像するのが好きだ。

夜の日常では視界が闇に遮断されるが、代わりに想像力が膨らみ、この街の中に数百万人、数千万人がマジでいるのだ、という妙な実感が湧いてくる。目に見えないほうが、なぜか世界がよく見える。

喉から手が出るほどに旅をしたい気持ちを、都内のホテルに籠ることでごまかしている。「何もしない」ために携帯電話も持たず、2週間ほど南の島へ行くことが夢だが、もちろんそんな時間はない。

今年に入ってから諸々の制作体制が変わり、周りのスタッフにはこれまでにないほど自分の体調を優先し、気を使ってもらっている。本当にありがたい。自分が仕事をすることが好きなたちであることも重々承知してくれていて、「体は楽だが、しっかり仕事もする」というギリギリの塩梅をいつも調整してくれている。

もちろん、外に出なくてよい日だってある。しかし、ものづくりの大半は自宅で生み出すものであり、そんな日を使ってホテルに宿泊するのだから、結局はギターやパソコンを部屋にまで持ち込んで、作曲作業や原稿執筆をすることになる。贅沢なセルフ缶詰だ。

窓から入り込む街の灯は十分明るい。ルームライトは付けずにギターケースを開けた。レコーダーをセットし、作曲を始める。隣の部屋の迷惑にならないよう、音量は最小にしなければならない。ポロポロとコードを鳴らし、ハミングする。楽譜は読めず書くこともできないので、常に録音して記録する。音を鳴らして歌う、ただそれをひたすら繰り返す。良いメロディが出来上がっても飛び上がって喜んだりはしない。微動だにせず、ガッツポーズも取らない。

ただ頭の中はワンダーである。

世界があり、空気があり、匂いもある。その映像、景色、物語を音に変換するように歌を作る。

広げた五線紙にコードを書き入れていると、ふと窓の外が光った。

ガラスは分厚く、風の音もしない為、夜だと天候がわかりづらい。落雷かと再び窓に鼻をつけると、雲はあるにせよ黒い空は見え、月も出ていた。

もう一度光った。空からの光ではなく、下方からのようだった。このホテルの半分ほどの高さのビルの狭い屋上から、小さく鋭い光が放たれていた。

その光は発光元を始点として、常にゆっくりと8の字を書くように方向を変え、およそ数分ほどの間隔を持って、この部屋の窓を通過していた。

発光元の周りは暗く、場所も遠い為、どうなっているのかよくわからない。

部屋の明かりをつけ、テレビ横にある小物棚を開けた。中にはオペラグラスが入っていた。このホテルには夜景を楽しむ為にすべての部屋に常備されているらしい。以前泊まった時に発見し、これじゃあ近隣のマンション覗き見し放題じゃないかと思ったものだった。

再び明かりを消し、窓から光の元の方向にオペラグラスを構えた。ピントを屋上に合わせると、その光の正体は丸い手鏡だった。

鏡は、古いヨーロッパ調の椅子の背もたれにガムテープでくくりつけられていた。椅子はふらふらと揺れ、その斜め前には、映画のプロジェクターのようなものがあった。鏡とプロジェクターの間には大きい虫眼鏡のようなものがあり、別の椅子にくくりつけられていた。

屋上入り口横の壁にあるコンセントに電源を繋ぎ、プロジェクターで発光させ、虫眼鏡で光を集中させる。それを鏡に反射させ、鋭い光をこちらまで届けていた。

くくりつけられている椅子の下にオペラグラスを向けると、髪の長い女の子が、膝をつき俯きながら、椅子の脚を両手でつかみ、ゆっくりと動かしていた。白い薄手の半袖のブラウスを着て、裾をジーンズにねじ込んでいる。

周りには誰もいなかった。一人でそれをやっていた。しかしその背中は肩甲骨が隆起し、少し楽しそうであり、何か目的を持って臨んでいるように見えた。その孤独は夜の中で、確かに息をしているようだった。

なぜこんなことをしているのだろう、とは思わなかった。なぜか女の子は初めから存在しないし、鏡もプロジェクターも存在しないからだ。屋上に一脚椅子が置いてある。ただそれだけである。

こんなふうに日常的に、いつの間にか妄想に入りこんでしまうこともしばしば。ぼーっとしているときは大体こんなことを考えている。つくづく、自分は車の運転免許を取得するべきではないと思う。

我にかえり、オペラグラスから目を離した。窓から離れ、ギターを手に取り、テーブルの前に座った。

では、最初に煌めいた光はなんだろう。そう思いながら作曲を続けた。

武道館とおじさん

武道館ライブ2日間を終えた。楽しかった。のべ2万6000人の前、360度見渡せる中央ステージで、バンドを入れず、ひとりで歌った。

アリーナクラスの会場で行われるひとりライブは、どうしても「やりきった達成感」がイベント全体のテーマになってしまう。しかし今回は、過酷なライブをすることが目的なのではなく、会場に来てくれたお客さん一人一人となるべく個人で向き合い、同じ時間、同じライブを過ごしているということをより実感する為の「ひとり」だった。

お客さんが飽きず、楽しんでもらえればそれでいい。4部構成にし、ステージを少しずつ変え、ちょっとした仕掛けをいくつか作り、自分はなるべくヘラヘラするよう努めた。

無事に2日間の公演を終えた翌日、ものすごく腹が減って目が覚めた。部活帰りの男子中学生のような気持ちでベッドから起き上がった。

普通に楽しんでいたつもりだったが、やはりあれだけの大人数とひとりで対峙すると何かと消耗するらしい。体も心もスタミナ補給を求めていた。

とにかく高カロリーの飯を食いたいと考えていると、メイクのTさんに勧められた中華料理屋を思い出した。まだ一度も行ったことがない。

シャワーを浴び、着替え、場所を調べ、タクシーに飛び乗ってその店に到着した。腹の鳴りが止まらない。早く食べたい。勢い勇んでドアに手をかけた瞬間、Tさんに言われた「その店、少し賑やかですけど」という言葉が頭をよぎった。

そのまま扉を開けると、縦に延びた長方形の店内奥から、色黒で細身でウェイター姿の50歳ほどのおじさんが、自分に向かって大声で言った。

「ボンジュールー！」

フランス語だった。どう見ても日本人、しかも上野アメヤ横丁のたたき売りそっくりのめちゃくちゃに嗄れた声。慌てて店の外に顔を出し、看板を確認するとチャイニーズレストラン、としっかり書かれていた。中華とフランスと上野がごっちゃになって一瞬パニックに陥った。

「ボンジュールどうぞボンジュール」

低音と高音が同時に鳴っている様な絶妙な喋り声のトーン。そのテンションに少し動揺していると、こちらへどうぞ、と壁際の一人席に促された。素直に椅子に座ると、目の前にメニューを置いて言った。

「なにそのブルゾンかっこいい！」

褒めてくれた。

「襟がないのがいいわ、襟がないのがすっごくお洒落！」

おじさんの声は大きく、とても明るかった。わあ、ありがとう、とお礼を言う。

とにかく脂っこい炭水化物が食べたい。レタスとトマトのチャーハンと、卵のスープを単品で注文すると、今はランチだから卵スープはつくのよ?と説明してくれた。ほらあれ、とおじさんが指さす先には、ゆるいパーマをかけ、ハーフパンツをはいた白人男性が、八宝菜のランチセットを食べていた。ライスの横にあるスープの器は小さめである。

「ランチのスープを多めに入れてこようか？」と腹が減っている自分を素早く察してくれた。いいんですか?と聞くと「了・解」と言ってウインクし、厨房に消えた。

ひとりになり、ふと自分がニコニコの笑顔になっていることに気づいた。頬を揉み、なんとなく真顔に戻すと、おじさんがすかさず卵スープを持ってきてくれた。胡麻油

の香りが食欲をそそる。食べようとすると、

「ねえ、聞こえる？」

そう言われたので、え、と返すと、厨房を指さした。

「あのジューって音が止んだら（大きく息を吸って）チャーハン出てくるから！」

そう言ってウインクした。

すると入り口のドアが開き、20代半ばのカップルが入ってきた。どうやら常連のようで、おじさんの「ボンジュール」は自分の時よりトーンが高く、少し親しげに話し始めた。しばらく会話した後、二人が担々麵の大盛りを注文すると、おじさんは大きい声で叫んだ。

「担々麵モッコリ」

厨房にオーダー通しに行く途中、颯爽と僕の横を通りながら「ほら、ジューって音止まったよ」と声をかけてくれた。立ち止まらず素早い動きの中での発言だったので、ドップラー効果で歌っているように音程が付いていた。おじさんはそのままの勢いで厨房に消え、「担々麵2つモッコリ」と叫ぶ。どうやらモッコリとは大盛りという意味らしい。

チャーハンが運ばれてきた。炒められたパラパラの飯にトマトが溶け、少し赤くな

った全体に卵の黄色が綺麗だ。スプーンですくって口に運ぶと、味も濃すぎずとても美味しかった。

横を見ると、八宝菜を食べ終わった白人男性が席を立った。財布を取り出し、レジに向かうと、彼はおじさんに向かって言った。

「Are You Japanese?」

おじさんは一瞬ぽかんと口を開けたあと、「Yes. Yes」と流暢な英語で話し始めた。おじさんは英語もいける。そして彼はやっぱり日本人だった。

すべて食べ終わり、一息つくと、ふと、こんなライブをやりたいなと思った。

ただ、どんな内容のライブをしたらいいのか、まったくわからなかった。

人見知り

笑わないようにしている。

撮影現場では準備中も普段より感情を出さないようにしているが、主演の綾野剛くんをはじめ、松岡茉優ちゃんや吉田羊さん、共演者の皆さんがちょっかいを出してくれたり、とても優しくしてくれるので、嬉しくてついニコニコしてしまう。

先日放送が始まったドラマ『コウノドリ』の登場人物・四宮春樹は、過去のある出来事によって笑顔を消し、感情を表現しなくなった。その役を演じるにあたり、撮影中でなくとも、スタジオやロケ先では、自然と笑わないようになった。

そうしていると、普段どれだけ笑って生活していたかがよくわかる。テレビを見て[illegible]る時、誰かと喋っている時、タクシーの運転手さんに行き先を伝える時。今までま[illegible]識していなかった瞬間まで「あ、今笑ってる」と意識的になることができた。[illegible]本当に人は日常的にたくさん微笑んでいることに改めて気づく。挨拶をする時、「お疲れさまでした」とお別れする時、何か失敗をした時、好きな音楽を見つけた時、美味しいと思った時、人は大体笑うか、微笑む。

小学生の頃、笑うことができなかった、という話は以前エッセイにも書いたが、それは声に出して笑えなかったというだけで、笑顔や感情を表に出せなかったわけじゃない。

こんなにも笑顔は日常に不可欠で、コミュニケーションや、自分の意思を確認するにも大事で、だからこそ、それができなくなった人間というものはどれだけ孤独なんだろうと、役に想いを馳せる。

顔を上げると、吉田羊さんが真っ白になるまでかき混ぜた納豆と、箸を持って立っていた。

ロケ先の支度室でメイクをしてもらっていたところだったので、椅子に座ったままで「納豆だ」と言うと、箸ですくって目の前に持ってきてくれた。

あーんと口を開けると、そのまま入れてくれた。

「美味しい」

「でしょう？」

そう言って、羊さんは自分の椅子に座り、納豆を食べ始めた。間接キスならぬ間接納豆である。

こういったことですごく救われる。ムスッとしていると、演じているとはいえ心が疲れてくるが、声をかけてもらい、ガスを抜いてもらうことで普段の星野源がキープされる。

自分が役として集中したい瞬間は、羊さんは接してこない。どこで声をかけるべきか、ちゃんと見極め、わかっている。その品のある間合いは天性のものなのか、これまで学んできたものなのか、どっちだろう。

「さすが俺の羊」

もぐもぐしながら言った。現場では「俺の羊」と呼んでいる。

始まりは、笑福亭鶴瓶さんのトーク番組『A-Studio』のゲストに呼んでいただいたときだった。『コウノドリ』のエピソードを話す際、モニターに羊さんの写真が映し出され、鶴瓶さんが「羊や」と言うので、つい冗談で「はい、俺の羊です」と言ってしまったのが始まりだった。

翌日そのことを現場で本人に報告すると、「事務所経由でクレーム入れときますね♡」と笑顔で怒られたが、その後しつこく「俺の羊」と呼んでいたら、次第に慣れてくれたようだった。

人見知りをしなくなったのはいつからだろう。ある日、自分が人見知りでないことに、ふと気づいた。それまで、道端で知人を見かけても声はかけなかったし、集団でいるときも、なるべく一人でいた。

ある日、ラジオ番組のゲストに出たとき「人見知りなんです」と自分のことを説明していることに、ふと恥ずかしさを覚えた。それがさも病気かのように、どうしようもないことのように語っている自分に少し苛立ちを感じた。

それまで、相手に好かれたい、嫌われたくないという想いが強すぎて、コミュニケーションを取ることを放棄していた。コミュニケーションに失敗し、そこで人間関係を学び、成長する努力を怠っていた。

それを相手に「人見知りで」とさも被害者のように言うのは、「自分はコミュニケーションを取る努力をしない人間なので、そちらで気を使ってください」と恐ろしく恥ずかしい宣言をしていることと同じだと思った。

数年前から、人見知りだと思うことをやめた。心の扉は、常に鍵を開けておくようにした。好きな人には好きだと伝えるようにした。ウザがられても、嫌われても、その人のことが好きなら、そう思うことをやめないようにした。それで思い出した。

「お前ウザいよ」と言われた幼いあの日から、嫌われないように自分の性格を歪め、そもそも人間が好きではないと思おうとしていたが、僕は人が、人と接することが大好きだったのだ。

集団の中でわざわざ一人になる必要はなくなった。そもそもどんな人間も一人であり、だからこそ人は手を取り、コミュニケーションを交わすのだ。

「お二人、お願いします」

ADの田村くんが呼びに来てくれると、はーいと返事をし、羊さんは席を立った。

「行くよ、私の源」

「うん、俺の羊」

そう言って、二人で撮影場所に向かった。

YELLOW DANCER

1997年。長く学校を休んでいた。

理由はいろいろあった。とにかく精神的に参っていた。しかし家にずっといてもしょうがない。試しに無理矢理行ってみようと思った。登校した日に2つの出来事があった。

「源くんバンドやらない?」

高校2年から3年に上がるタイミングで3カ月も休んでいた男に、明るくその人は言った。彼はクラスの人気者で、校内でも憧れられている人気の生徒が多く集まるバンドを組んでいた。そこでメンバーとしてパーカッションをやらないかという誘いだった。

それまで音楽は家でこっそりとやるものだった。カセットテープに人知れず歌を吹き込んでいた。音楽が好き過ぎて、人前に出た時に批判されるのが怖かった。

でも、そんなことも言ってられないと「やりたい」と返事をした。その日から、自分の音楽人生が始まった。

もう一つ。

バンドに誘われる数時間前、久しぶりに来た学校の正面入り口から登校することに少し後ろめたさを覚え、体育館のほうから回り道をした。すると、部活動朝練中の同じクラスの女の子がストレッチをしていた。その子は自分の顔を見て珍しそうな顔をしつつ、おおー、と手を振りながら言ったのだ。

「源くんも踊らない？」

先ほどとほぼ同じ理由で、自分はその日、衝動的に日本民族舞踊部に入部した。

それから、中野七頭舞という東北の踊りを習った。それまで自分が想像していた日本の舞踊はスローな動きのものだったが、七頭舞は五穀豊穣、大漁、家内安全等を祈願する踊りで、ビートはポップかつ複雑、2人一組×7種類の役割&振りがあり、アグレッシブでカッコよく、激しくて艶やかなダンスだった。

曲の中盤では、2人対2人がブレイクダンス・バトルのように向かい合ってそれぞれ自分の振りで踊り合い、他の踊り手は順番が来るまでダンススペースの両端に座ってそれを見守る。7種類の踊りが終わってから全員で踊るユニゾンの動きは、見ているだけでも鳥肌が立ち、その高揚感に胸が熱くなってしまう。

踊っていると自意識が消え、頭の中は空っぽになった。汗をかき、筋肉痛になり、無心で踊っていると、それまで死んでいた自分が生き返るように元気になっていた。

その日からダンスが自分にとって大切なものになり、踊ることが大好きになり、「踊る」と「生きる」という言葉が、自分の中で同じ意味になった。

2013年、長く仕事を休んでいた。

理由はお祭しの通りだが、家でぐちぐちしていても仕方がないと思った。手術後の夏の終わり、iPodを手に外へ出た。

誰もいない住宅街を歩き回りながら、それまで音楽もまともに聴けない状態であった私は、いつもこうして寝静まった街を歩きながら音楽を聴くのが好きだったことを思い出し、iPodのすべての曲の中からランダムで選曲されるように設定し、再生ボタンを押した。

Princeの『I Wanna Be Your Lover』が流れた。

スネアの音が耳の鼓膜をつんざき、イントロが鳴った瞬間、目の前がキラキラと輝きだした。不安であることに疲れ、憔悴しきっていた気持ちが、呼吸を取り戻したように動き始めた。気がつけば誰もいない夜道で、一人きりで踊っていた。

小学生の頃から聴いているMichael Jackson、Prince、Earth Wind & Fire、The Isley Brothers。個人的な趣味であるごく限られたダンスクラシック、ソウルミュージックのみが、耳に、心に、スッと入り込んできた。それまで音楽を聴くのも辛い状況だったのに、いつの間にか希望が、ワクワクする創作意欲が湧き上がった。

大好きなブラックミュージックに影響を受けながらも、今の日本の情緒をふと感じられるような、僕らの心の中に刻み込まれている昔からの情景を映し出すようなそんな音楽、体が勝手に踊り出すようなダンスミュージックを作ってみたい。

服部良一や中村八大などの作曲家が作ってきた日本の歌謡曲。そしてそれに影響を受けた様々な流行歌としての音楽には、特にジャズやブルースといったブラックミュージックの影響と、それを取り入れつつも、咀嚼し、マネではなく、日本の音楽として新たに生み出されていった素晴らしい歴史がある。

自分の親や祖父母、今の日本人とその先祖がなにげなく聴いてきた日本のポップスの遺伝子の中には、そもそもブラックフィーリングが息づいていて、それらの音楽に浮かぶ日本情緒には、ブラックカルチャーの風が吹いている。つまるところ、自分は自分の生きているこの国の音楽、イエローミュージックを作ればいいのだと思った。

制作は、こんなに楽しくていいのかと思うほど楽しく、好き放題やらせてもらった。

二度も自分を救ってくれた、音楽とダンスへの愛を込めて、今を踊るたくさんの人に捧げるアルバムが完成した。できあがって、本当に嬉しい。

タイトルは『YELLOW DANCER』とした。

Would you like to dance?
YELLOW DANCER

「おめでとうございます」

『コウノドリ』のロケが終わって支度部屋に戻ると、ドラマのスタッフさんではなく、音楽の現場で付いてくれているメイクさんとスタイリストさんが待っていた。慌てて着替え、メイクを直し、荷物をまとめた。

ドラマの現場に自分の別スタッフを連れ込むなんて異常事態であり、それを許してくれたドラマ関係者の皆さんに深く感謝した。みんな、支度部屋を出るとき「お疲れさまでした」「行ってらっしゃい」と声を掛けてくれた。

この後自分が行く場所のことは他言してはいけない決まりになっていて、誰にも何も伝えていないのだけど、セットアップのスーツを着込んだ自分を送り出すその表情は一様に何かを察して「おめでとうございます」と言ってくれているように感じた。

その前日、お台場のスタジオで行われた『SMAP×SMAP』の収録開始直前、現場マネージャーが携帯電話を持って楽屋に入ってきた。渡された電話に出ると、チーフマネージャーの声がした。

「おめでとうございます」

その瞬間、声にならない雄叫びのような声が出て、左手を天に突き上げた。「ありがとうございます」と言って電話を切った。そこから収録を終え、慌てて翌日の衣装合わせをした。切れる寸前の蛍光灯ですら眩しいような深夜だったが、目は爛々としていた。

20年前の14歳の頃、テレビの画面はとても眩しかった。

年越しまであと2時間を切ったとき、リビングの両親を残して、自分の部屋に行こうとした。

「一緒に観ないの?」

母親が言った。

「なんか眩しくて目が痛い」

そう吐き捨てるように言ってドアを開け、暗い部屋に籠った。「なんじゃそら」という声が背中から聞こえた。眩しいのは光量ではなく、その番組自体だった。

自分の部屋でポロポロと覚えたてのギターを弾いても、マンガを読んでも、12月31日の空気は冷たく、何をしても寒い。暖房の温度をマックスに設定しても足の先は冷たかった。

まだインターネットも、携帯もなく、気軽に一緒に遊ぶ友達もいなかった。部屋に戻ると待っていたのは、「何もない自分」だった。それと対峙する以外、一つも逃げ場はなかった。ドアの向こうからは、楽しそうな声と歌が聞こえる。漏れる音だけでも、眩しくて眩しくて、自分の何もなさがより強烈さを増した。

「こんな日に一人でいるほうが、退廃的でかっこいい」と思春期のナルシシズムをフル稼働させるもやっぱり寂しくて、どうにも耐えられなくて、30分後にはドアを開けリビングに戻っていた。なんて情けない男だと、ひきつるように笑った。

両親の後ろに腰をかけ、テレビを一緒に眺めた。その番組は煌びやかで、出演者たちは皆一様に誇らしい顔でキラキラと輝き、最高に眩しかった。はじめは辛い気持ちだったのが気がつけばリズムに乗り、審査員のジョークに笑っていた。

「それではみなさん、よいお年を！」

番組が終わる頃、来年はもっとよい年になりますようにと祈るように画面を見つめていた。

ＮＨＫに到着し中に入ると、早足で移動させられた。控室の前には、いつも別の番組でお世話になっている顔見知りのスタッフさんたちが待ち構えていた。皆一様に服装がフォー…で会えましたね」…違いを感じさせた。その全員と握手。力強く、思いの籠った握…れたんだという実感がふつふつと湧いてきた。と涙目で言う人もいた。ずっと来たかった

会見場所のステージ裏に全員でスタンバイしていると、同じく初出場のとあるグループの女の子が近寄って来た。「このグループに入る前からずっとファンでした」と何度もお辞儀をしてくれた。握手をすると、両手は激しく震えていた。「本当にありがとう」「よろしくお願いします」と伝えると、彼女は元の場所に戻っていった。そばにいたNHKのプロデューサーさんが「本当にものすごく星野さんのファンみたいですよ」と教えてくれた。彼女のほうを見るとスタジオの隅の陰でひっそりと泣いていた。こんなにありがたいことはないと思った。慌てて走ってティッシュ箱を手に取り、くねくねと踊りながらバッシュバッシュと大量のティッシュを引き出して渡すと、彼女は泣きながら笑ってくれた。

司会者の有働由美子アナウンサーが集まった大勢の記者に向かい、本日の趣旨について喋っている間、全員で音を立てないようにステージにスタンバイした。目の前には、紅白の幕が下がっており、発表の瞬間に落ちる段取りになっていた。

「緊張しますね」「もう既に喉カラカラですよ」幾人かとヒソヒソ取り留めのない会

話をしていると、有働さんの声が聞こえた。

「それでは、第66回紅白歌合戦。初出場の皆さんを発表します!」

会場に響き渡る音楽とともに目の前の幕が落ちた瞬間、見たことのないほどたくさんの数の報道陣が、バシャバシャという信じられないほど大きい音とともに、一気にフラッシュをたいた。

最高に眩しく、目が痛かった。

寺坂直毅

「絶対源くんに合うと思うんだよ」プロデューサーの山中さんが言った。

２０１１年、初めてラジオのレギュラー番組を持たせてもらえた。『ＲＡＤＩＰＥＤＩＡ』という帯番組。深夜24時から2時間の生放送だった。

「寺坂っていう構成作家」

同じ番組を担当している作家なのだが、自分がパーソナリティである水曜は別のテレビ番組に付いている為来られないらしい。

「いつか一緒にやれるといいですね」

よくわからないながらもそう言った数カ月後。髪の毛が乱れ、黒縁メガネをかけチェック柄のシャツを着た小太りの男が目の前に来た。

「寺坂です」

テレビ番組の収録が急遽なくなったので来られたらしい。汗をかき、あまり目を合わせてくれなかった。山中さんが紹介してくれた。

「こいつ変なんだよ。紅白歌合戦が大好きでさ」

彼は汗をぬぐいながら、申し訳なさそうに手をひらひらと横に振った。

「紅白は俺も好きです」

そう笑いながら言うと、いやいや、と山中さんは言った。

「紅白に出場した歌手の前口上を全部記憶してるんだよ」

歌番組における前口上とは、歌の直前やイントロでその人物や楽曲について説明することで、初めて聴く歌でもより視聴者が入り込めるナレーションのことだ。

「マジですか？」

半信半疑で、自分が大好きな曲をリクエストした。

「じゃあ、森進一さんが初めて紅白で『襟裳岬』を歌った時の口上は？」

すると彼は、それまでおどおどとしていた態度から妙に凛とした顔つきになり、声色を変えてゆっくりと喋り始めた。

「先日、日本歌謡大賞を受賞された森進一さん。つい先ほど、日本レコード大賞に輝きました。その森さんに歌っていただきましょう」

あっけにとられていると、「ここでイントロです」と自分の目を見て言った。

頭の中で、襟裳岬のイントロが流れ始める。

「青春の日々は、遠く悲しく、いつか思い出の海へと帰っていきます。1974年のさすらいの記憶をこの一曲に込めて。白組、襟裳岬をお聴きいただきましょう!」

おお、とつい拍手した。すると彼は笑顔で言った。

「これ、僕が一番大好きな前口上なんです」

その日、放送も無事に終了し、ブースの中で向かいに座っていた彼はヘッドホンを外しながら興奮気味に言った。

「こんなに楽しかったの初めてです。星野さん本当にラジオ好きなんですね」

「好きですよ。思春期に救われたので」

「あ、僕もです!」

そこから彼との付き合いが始まった。

ほどなくして自分の担当曜日が月曜日に変わり、彼が作家になることが多くなった。年齢も同じだということがわかりすぐに仲良くなった。好みのタイプは黒柳徹子さんと由紀さおりさんだということもわかった。

彼は童貞であり、そのことを周りからよくネタにされていたが、ひねくれたりこじらせているような素振りは見せず、ルサンチマンをあまり感じさせなかった。ただ己の好きなものを追い求め、まっすぐに愛していた。そこに惹かれた。紅白の他にもデパートとエレベーターが好きだということがわかった。日本全国すべてのデパートに設置されているエレベーターのメーカーをそれぞれすべて記憶していた。

「夢はエレベーターボーイです」

ラジオから帰る時は、必ずエレベーターの開け閉めを担当してくれた。

気がつけば寺ちゃんと呼ぶようになった。放送では、事あるごとに前口上を振るようになり自分のライブでも毎回アンコールでの口上を務めてもらうようになった。

ラジオの生放送のCM中、ブースの中でいろんな話をした。

「星野さん紅白出てください」

そんなの無理だ、と思いつつも冗談のように言った。

「絶対出るから、その時は寺ちゃんが前口上書いてね」

「いやあ、無理無理！」

そう言って二人で笑った。

数年後、彼は「紅白歌合戦に詳しすぎる作家」として年末のＮＨＫの情報番組に時たま出演するようになった。あまりの詳しさに制作サイドに気に入られ、ＮＨＫの歌謡音楽番組の作家も務めるようになった。

ラジオ番組が終わった後も、友達としてよく連絡を取り合った。倒れ、病気から復帰できた時もまっ先に電話をした。もちろん、紅白歌合戦に出場が決まった時も、一番初めに連絡した。

「……本当ですか！」

声を詰まらせながら親のように喜んでくれた。

初めての紅白歌合戦は慌ただしくも夢のようにあっという間に終わった。エンディングを終え、舞台袖から出ようとすると、スーツ姿の寺ちゃんがいた。

「お疲れさまでした」

彼は泣いていた。二人で固い握手をした。初めて会った日のことを思い出した。

第66回ＮＨＫ紅白歌合戦。初出場である星野源部分の台本を書いたのは、彼だった。

第6回

柴犬

横に柴犬がいる。

昼過ぎに起きた土曜日の15時。遅すぎる朝食を済ます為に近所のカフェに来た。2人がけのテーブルが4つ、4人がけのテーブルが6つと大きい店内にもかかわらず利用客は多く、カウンターしか空いていない。

おとなしくそこに座り、サラダとミートソースのパスタを注文して料理が来るのを待った。マネージャーとの仕事のやり取りをメールで済ませ、スマホでニュース等のチェックをしているとサラダが運ばれてきた。

グレープ・フルーツとカブの入っている爽やかなサラダだった。10分ほどかけて食べ料理と、大きなミートボールが載ったパスタが運ばれてくる。店が混んでいるのにがたい。この後すぐにラジオ収録の仕事に行かなきゃいけないので、とてもありミートボールを口に運ぼうとすると、ふと視界の左脇下方に、ベージュの生き物がぷりぷりと侵入してきた。

柴犬である。

慌てて口を押さえた。顔がほころばないように細心の注意を払った。平静を装い、ホットコーヒーを注文した。毎日スマホで眺めているあいつ。テレビで特集があるとなるべく録画しておくあいつ。夜中、もし一緒に暮らしていたらどんなに楽しいだろうと夢想するあいつ。

私は柴犬が大好きなのである。

一人暮らし、かつ家にほとんど帰らない為、誰かから譲り受けたり購入して飼うことはできない。そもそもペット自体飼ったことがない。寂しがり屋な犬を一匹置いて仕事に出かけることなんてできない。もし勢い余って柴犬との生活を始めてしまったら、表に出る仕事すべてをキャンセルし、自宅に居ながらにしてできる仕事にシフトしてしまうだろう。それはすなわち二度と帰ってこられない動物的失楽園への入園である。

ちらりと横を見る。

細身の中年男性である飼い主が座っている椅子の横にちんまりと座り、飼い主を見上げていた。体が小さい。コーヒーを噴き出しそうになった。かわいい。

こちらからは後頭部から背、そこからのお尻しか見えない。だがそれでいい。こっちを向かれたら触ってしまう。見ず知らずの者を急に触ってしまったら、それは痴漢である。

柴犬の何が好きなのか、自分でもよくわからない。表情なのか全体の造形か。それともあの滲み出る日本人っぽい性格か。

物心つく前に犬と戯れた朧げなヴィジョンは記憶しているが、しっかりと飼っていた記憶はない。祖父が営んでいた八百屋に金、銀、パールというふざけた名前の猫が3匹いたが、自分の家ではないし、3匹とも悲しい末路を迎えてしまった為、あまり思い出したくない記憶である。

20歳の時、初めて付き合った女の子の家には猫がいて、かわいがっていたが、気がつけばくしゃみが止まらず、後々猫アレルギーであることが判明。心身ともに猫への気持ちは離れていった。

柴犬に恋をしたのはいつからだろう。

小さい頃、クラスメイトが庭の犬小屋で飼っている柴犬を見たとき、かわいそうだと感じた。冬は寒そうで、永遠に首輪を付けられ、人が来たら必死に吠える様を見て、なんだか辛い気持ちになった。

街を歩いていて様々な犬種に遭遇しても、小さすぎる犬には特に反応したことはなかった。しかし、ごくたまに遭遇する、立ち上がれば確実に人より大きいであろう毛がフサフサのでかい犬の散歩に遭遇すれば、これ以上ないほどに菩薩顔になる自分がいた。

そして気がつけば好きな犬は柴犬、と公言していたのである。暖房の前でくつろぐ柴犬の動画をネットで観てからだろうか。とにかく室内でくつろぐ柴犬に癒やしを感じたのかもしれない。

「きたよー、よかったねー」

横では柴犬が尻尾をふりふりしている。飼い主の元に、ミートソースパスタが届けられた。「よかったね」と言うってことは、一緒に食べるってことだろうか。

飼い主がソースのかかっていないパスタを一本素手でつまみ、腕を下ろした。すると柴犬は前足をピンと伸ばして背伸びをし、口の中に入れ、あむあむと食べた。

ぎー。

写真が撮りたい。

しかし、見ず知らずの者を写真で撮れば、それは盗撮である。

心の中でカウンターをバンバンと叩いていると、飼い主はあっという間に食べ終わり、席を立った。ああ、行ってしまう。そう思い、瞳に焼き付けようと柴犬に顔を向けた。するとどうだろう、柴犬は背中を向けたまま、顔を右からこちらに向け、僕と目を合わせたのである。

心の中で音楽が鳴り響いた。リアルタイムで2秒ほどの時間が、30分にも感じた。黒くてまん丸の瞳に吸い込まれそうだった。それは恋が始まった瞬間であった。

はっと気がつくと、飼い主と柴犬は会計を済ませ、店を出て行った。残されたのは飲みかけのコーヒーと、少し肌つやのよくなった私だけだった。

ズキューン!
きゅるん

メタルギアの夜

全国ツアーの真っ只中であるが、ほんの少しだけ時間ができたので、久々にゲームをしようと思った。

家のテレビでやるXboxやWiiU、PS4など据置機のゲームが好きだ。たまに大好きなタイトルに出会いプレイすると、外出している間、仕事をしている間、家に帰ってそのゲームをすることが楽しみで仕方なく、頭の中がいっぱいになる。

過去作品すべてをプレイし、新作を何年も待ち、ついにリリースされた『METAL GEAR SOLID V：THE PHANTOM PAIN（以下TPP）』を昨年9月の発売日に買った。全シリーズにわたって連なる壮大なストーリーの完結編である今作のネタバレを避ける為、発売前から情報はできる限りシャットアウトした。しかし、2015年怒濤の忙しさによりそのパッケージの封を開けることはなかった。新年になってツアーが開幕し、残すところ追加公演を含めてライブはあと5本。状況は少し落ち着いてきた。

5ヵ月間眠らせたソフトを、満願の思いでペリペリと開封する。

TPPのゲーム性の中心を大雑把に説明すると、かくれんぼということになる。舞台は主に戦場である。主人公は敵陣地や敵要塞に忍び込んで兵士に見つからないように進み、奥地にある機密文書を手に入れたり、敵を暗殺したり、捕らえられた研究者や捕虜を奪還したりする。

もちろん、隠れたりせずに敵全員を皆殺しにして進むこともできる。善悪の判断や攻略方法の選択はほぼプレイヤーに委ねられている。

特に今回の新作は、超広大なオープンワールドであり、その中にいくつもの敵拠点があり、攻略方法や侵入経路は自分のアイデア次第で無限にもなる。さらには人や兵器を気球を用いて運ぶ「フルトン回収」のシステムが加わったことで、捕らえて自分の基地へ運んだ敵兵を説得して味方にしたり、奪った兵器や資源を回収して自分のものにできるようになった。

とにかく隠れているのが好きだ。一つの敵拠点を攻める時、まずは敷地の端にいる敵兵から隠れながらゆっくりと時間をかけて近づき、後ろから羽交い締めにし、ナイフで脅しながら他の敵兵に見つからない場所まで移動させ、そこで尋問し、資源アイテムや捕虜、機密文書などのターゲットのありかを吐かせ、ついでに他の兵士のいる場所も喋らせてから気絶させ、フルトン回収する。

銃を使ってしまうとその発砲音で兵士に感づかれ、敵全体が一気に警戒態勢に移行し、警備も兵士の数も増えてしまうのであまり使わない。サプレッサー（消音器）をつけた麻酔銃を使い、兵士を眠らせるオーソドックスな攻略方法が好きだ。

そうやって静かに、時間をかけて敵陣地から兵士を一人ずつ回収していく。敵兵の数が少なくなったところで通信機器を壊してしまえば、その破壊音で警戒は強まるものの、応援の兵士を外地からは呼べなくなる。兵士たちは「異常発生！　至急応援を頼む！」と焦るが返事はなく、ただあたふたする姿を見ることができる。

そんな怯えた敵たち一人一人に忍び寄り、後ろから銃を突きつけてホールドアップさせ尋問し、情報を吐かせて気絶させ、回収する。みるみる陣地から敵がいなくなるその様は、兵士の身になればホラー映画だが、潜伏している側としては愉快極まりない。

そうして一人の兵士が残り、誰も助けが来ない状況を作ると、盛大に音を立てながらそいつの近くを銃で撃ったり、C-4という地面や壁に設置して離れた場所から起動させることができるプラスチック爆薬を用い、兵士の近くで爆破させてびっくりさせたり、ロケットランチャーで兵士の近くの建物を攻撃したりして楽しむ。「うわー！」と慌てて明後日の方向に反撃したり、何度も無線で助けを呼ぶが誰も助けに来てくれなかったり、バタバタと走り回ったりする兵士はかわいそうだがとてもかわいく、熱いコーヒーを淹れ、それを飲みながらニコニコ眺めるという、とても趣味の悪い楽しみ方をしてしまう。

それに飽きたらゆっくりと背後から近づき、気絶させ、回収する。敵拠点からすべての兵士がいなくなり、制圧という文字が画面に小さく映される。敵兵を誰も殺さずにすべて回収して味方にできた時の快感。

もちろんもっと素早い方法や効率的な方法はいくらでもあるのだろうけど、息を潜めてゆっくり時間をかけ、見つからないように行動するこの遊び方は、子供の頃初めてやったかくれんぼと同じようなドキドキと楽しさがある。そんな時間を過ごすのがとても好きだ。

ゲームがひと段落し、コントローラーを置き、背筋を伸ばし、久しぶりに大きく息をした。

時計を見ると7時だった。おかしい、時計が壊れているのかと思った。ゲームを始める前に時計を見たときも夜の7時前後だったからだ。カーテンを開けると眩しく、外には青空が広がっていた。いつの間にか12時間が経っていた。
体はバキバキに痛み、喉はカラカラで、目は異常に重かった。
やっぱり、ツアーが終わるまでゲームはやめようと思った。

ワン!
源
あばばば

YELLOW VOYAGE

何かしんどい時には、すべてが終わった「その直後」を思い浮かべる。

例えば主演映画が決まり、クランクインした撮影が終わるのは2カ月後、まだまだ先は長く、すでにプレッシャーに押しつぶされそうで息苦しい。そんな時にはその仕事が成功に終わり、直後に一人でホッとしている様子を思い浮かべる。現在という名の適度な重さの野球ボールを、その辛い期間が終わった随分先にいる自分へ届くように思いっきり高く、遠くに投げるように想像する。

するとそこまで自分がワープする。

ハッと気がつき時計を見ると、2カ月が経過しすべてが終わっていて、仕事も成功に終わっているし、楽しい思い出と共にやり遂げた充実感が心を満たしている。そこまでタイムリープしたような感覚に陥る。

昔から、辛い時にはそうやってすべてが終わったゴールの先を想像していた。もちろん、実際にワープするわけでもないし、ゴールまでの経過の時間が早送りになるとか、その間の記憶がなくなるということではない。

「しんどい時が終わった自分をしっかり想像する」という行為は、物事は必ず終わるのだという単純なことに心から気づくための準備運動みたいなものだ。

迫り来る締め切り、宿題、急に襲いかかってきた病気、災害など、その状況が辛ければ辛いほど頭ではわかっていても「じゃあ前向きに頑張ろう」なんて即座に捉えられるものではない。

しかし、心から物事の終わりが感じられれば「うまくいかないかもしれない」「失敗するかもしれない」などと毎日考え、緊張や自分への励ましなどに時間を取られることがなくなり、必ず終わりが来るのだからと素直に目の前のことに集中できる。

集中できていると時間の進みも速く感じてくる。嫌だ嫌だと思っていると時間が長く感じる現象とは逆で、気がつけば山は越え、そこまでワープしたかのように、しんどい時期は早々に終わっているのだ。

2016年3月頭。日本武道館、そして大阪城ホールでの追加公演を残し、全国ツアー『YELLOW VOYAGE』はファイナルの広島公演のみとなった。

新幹線に乗り、広島へと向かう4時間ほどの旅の中でコーヒーを飲んでいてふと思った。

今回ワープしてない。終わった後の自分を想像してない。なぜだろうと考えているとすぐに答えが見つかった。

辛くないからだ。

以前はライブが苦手でツアーが嫌で、いつも早く終わってほしいと思っていた。客前の本番は楽しいけれど、そこまでの準備は大変だ。持久力がなく、いつも声や喉のケアをすることに四苦八苦していて、終わるまでの長期間が不安で仕方なかった。ツアー先でも観光などせず、風邪をひいたり、体調を悪くしたりしないように一歩も外に出ないようにじっとしていた。

今回はどうだろう。事務所のみんなが自分の体調を鑑み、公演が続かないように日程の間隔を空け、その間仕事がなるべく入らないようにしてくれた。移動もリハーサルもすべて、負担がかからないように気遣ってくれた。体調や喉のケアの仕方も勉強して効果的な方法を見つけ、なるべく良い態勢を整えられるようになった。

自分も含む現場スタッフのみんながほぼ同じ方向を見て、より良い公演を目指して切磋琢磨しながら仕事ができているように感じる。そして公演を重ねるごとにプレイヤーたちが奏でる音の練度が上がり、絆も強まる。そして何より今回のツアーはお客

さんがアリーナ公演、数千人の規模のホール公演そのどちらでも、その一人
数、ばらばらに自分の踊りを踊っていた。客席の動きが統一感なく、ぐちゃぐちゃだった。

そんなことってあまりないのだ。

日本のどんなアーティストのどんなライブ会場でも、客席の全員がばらばらに踊る様は、今まで残念ながら見ることはできなかった。演じる側が促し、手を左右に振る動きや一斉にステージを指す動きなど、客全員で合わせる動きをするのが普通だった。

もちろん、日本人は周りと違うことに不安を感じてしまう国民性なので仕方のないことではある。けれど幼い頃に外国のライブや音楽フェスの映像を家で観せられた時、何にワクワクしたかといえば、演者のパフォーマンスに加え、大勢でいるのにそれぞれ個人で好きに楽しんでいる客席に他ならなかったし、いつかその様を自分のステージから見てみたいと思っていた。「そうなれ!」と祈りながらアルバム『YELLOW DANCER』を制作した。その様がツアー中、毎会場で必ず見られるその幸福感。いつも嬉しくて泣きそうになる。

自分は音楽が好きで、音楽が鳴っている場所が好きだ。そして、そこで一人一人ば

らばらに、大勢で個人的に音楽を楽しむみんなを見ていることが大好きである。

音楽は本当に楽しい。

そう思ったところで新幹線は広島に到着した。4時間あった移動時間が、ワープしたかのように一瞬に感じた。

さむっ!!
春?

コサキンと深夜ラジオ

「レンタルビデオ屋でエッチなビデオを借りる時に、別の映画を上に重ねて隠すようにレジまで持っていく人いるでしょ?」

「うん(笑)」

「僕はそれやらない! だってエッチなビデオ観たいんだ。何にも恥ずかしいことじゃない。僕は心からこのビデオが観たいんだよ」

「あはは! それ店員さんが女の子だったらどうするの?」

「もっと見せびらかす!」

「ばかじゃないの!(笑)」

関根勤さんと小堺一機さんの会話だ。

家から高校までは電車とバスを使って2時間もかかった。その間ずっとカセット・ウォークマンにイヤホンを繋ぎ耳に差し込んでいた。テープから流れていたのはその時好きな音楽、それと週に1回録音していたAMラジオの深夜番組だった。

通学中、通勤ラッシュに揉まれながらそのラジオを聴いていると、混みすぎて地獄絵図と化しているJR埼京線もあまり辛くなかった。むしろこのままずっと聴いていたいとさえ思った。

毎日聴いていたのは小堺一機さんと関根勤さん、通称「コサキン」のお二人による2時間の番組『コサキンDEワァオ!』だ。

小堺さんによる見事な進行、フリとツッコミ。そして関根さんによる強烈なボケと時々発せられる真面目な言葉。しかしその言葉は社会的な一般常識からは少し外れていて、一聴すると奇をてらった発言に聞こえるが、その喋り方からはまっすぐ正直な本心であることが窺えた。

小堺さんはその言葉を否定せず、しかしリスナーに伝わりやすく突っ込むことによってギャグに変換した。するとリスナーの心には真面目な言葉と笑いの両方が届けられる。聴きながら「いつか、関根さんみたいに本当の言葉を喋れるようになりたい」と思った。

お二人のコンビネーションはいつも最高で、退屈で仕方ないはずの通学時間は、毎日笑いを堪えながら過ごす愉快な時間に変わった。

学校の中で、クラスの中で、そのラジオの話題を共有する友達はいなかった。もちろん親も聴いていないから家で話題にすることもない。

「あのトーク面白かったよね」

「あのコーナーのリスナーのネタ最高だったね」

なんて一回も誰とも話したことはなかった。

当時はポケベルが主流で、携帯電話がやっと出始めた頃。電子メールもない、インターネットも普及してない、ツイッターもブログももちろんない。ファン同士でのコミュニケーションといえば、ラジオの公開収録、またはイベントに出向き、そこで出会ったファンと友達になり、住所を交換し、手紙のやり取りをするというものだった。

結局、高校の3年間ただ一人で楽しんでいた。

ラジオの中には自分の居場所があるような気がしていた。コサキンのお二人は人を馬鹿にするような笑いを生まなかった。必ず自分が馬鹿になる。人の揚げ足を取ることはせず、自分たちを思い切り下げて笑った。

有名人や大御所俳優をネタにする時も、あまりにバカバカしくて絶対に創作ネタとして感じるレベルまでくだらなく仕上げ、「こんなこと言ってる俺たちが馬鹿なんだ」と笑いにした。

そこがすごく好きだった。お二人の口からは勝ち負けや、競争、順位の話はほとんど出てこなかった。

現実の世界は競争ばかりだ。

テストの点数、徒競走の順位、容姿の良し悪し、彼女の人数、童貞を卒業する早さ。点数が高いほうが勝ち、足が速いほうが勝ち、イケメンなほうが勝ち、付き合った人数が多いほうが勝ち、一番早く童貞を卒業した者が勝つ。それ以外は全部負けだった。

もちろん、世の中に勝ち負けが不必要だと言いたいわけじゃない。正解が数字に反映されないテストなんて気持ち悪いし、徒競走で全員1位なんておかしい。ただ、そうじゃない場所があったっていい。

コサキンの番組の中で「聴取率取らなきゃ」という言葉を聴いたことはない。聴取率とはテレビでいう視聴率のことだが、それを気にしている言葉を聴いた記憶がない。25年以上も続いた番組だからそもそも人気があるのは当然だけれど、それにしても「他番組と競争しよう」という意思を1ミリも感じたことはなかった。

お二人からはたくさんのことを教わった。

人を馬鹿にせず自分が馬鹿になること、競争をしたってつまらないということ、冒頭の関根さんの発言のように、カッコつけたりごまかしたりせず、自分に正直に、まっすぐ素直であれということ。

もちろんそんなことをお二人が言葉にしたわけではなく、ただ、その姿勢から勝手にそう受け取っただけだ。すぐには無理かもしれないけど、いつかそういう人間になりたいと思った。

20年後、AMラジオで深夜のレギュラー番組を持った。

『星野源のオールナイトニッポン』。マイクの向こう側にいるのは、ツイッターもしない、誰にも感想を言わない、ただ聴いている、あの時の自分のような、そこのあなただ。

ガタン ゴトンガタンコ

細野晴臣

髪を肩まで伸ばしたモノクロの細野晴臣さんが、CDジャケットの中からこちらをまっすぐ見つめている。

1997年、高校2年生。初めて聴いたのは『HOSONO HOUSE』という1stソロアルバムだった。

自分が生まれる8年も前にリリースされ、16歳当時に通った松尾スズキさんの演劇ワークショップで知り合った先輩に教えてもらったアルバム。最初はジャケットに写る長髪の細野さんも、流れてくる音楽も少し暗く、怖い印象だった。

はっぴいえんどもイエローマジックオーケストラ（以下YMO）も細野さんが作っループであったが、高校生当時、はっぴいえんどのことはよく知らず、YMOのっていたものの、小学校の運動会で『ライディーン』がよく流れており、競MOごと敬遠するようになってしまっていた。そのグループのどちらもよく知らない状態で『HOSONO HOUSE』から入れたのは奇跡的であり、先輩には感謝の気持ちでいっぱいである。

細野晴臣名義のディスコグラフィーでは、はっぴいえんどの解散後とＹＭＯ結成までの間に５枚のオリジナルアルバムが存在する。

その１枚目である『HOSONO HOUSE』の収録曲、『終りの季節』や『恋は桃色』などの歌詞には、紋切り型でない細野さんそのものから生まれたような優しい独自の言葉があり、先の見えない暗い青春時代を、優しく支えてもらった。

初めて聴いた時に暗く感じたのは、このアルバムの音楽が暗いからではなかった。流れている音の色彩を認識できない、自分の音楽的視野の狭さが原因だった。繰り返して何百回も聴くことで、シンプルなバンド演奏の中に様々な色や匂いを感じられるようになり、このアルバムのおかげで音の感受性が何倍にも広がった。

ファンになった私は小遣いを貯めてさらにアルバムを買う。２ndソロアルバム『トロピカル・ダンディー』、３rdソロアルバム『泰安洋行』、４thソロアルバム『はらいそ』を聴いてぶっとんだ。訳のわからない音楽がそこにあった。その３枚は通称トロピカル三部作と呼ばれていることを知った。

ブルース、カリプソ、エキゾチカ、日本民謡、沖縄民謡、チャイニーズミュージック、サンバ、ロック、ソウル、ポップス。世界中の音楽がごちゃ混ぜに詰め込まれながらも、ただの真似ではない、細野さんにしかできない音楽として作られた日本のポップスだった。

その3枚のアルバムを聴きまくっていたある日、雑誌で76年に横浜中華街のレストラン「同發新館」で行われた、細野さんの〝伝説〟と呼ばれているライブ写真を見た。白いスーツにメガネ、怪しげなヒゲ姿で木琴（マリンバ）を叩きながら歌う細野さんの姿がそこにあった。アルバムのクレジットを見直すと、収録曲の中でも細野さんが自分で演奏していた。木琴には学校の音楽室で埃をかぶっている印象しかなかったが、完全にイメージが変わった。

カッコいい！　俺もマリンバがやりたい！

それから9年後。25歳になった私は楽器可の物件に引越し、役者の仕事で貯めた金を使い、マリンバを買った。ベッドとテレビと作業机とマリンバを置いたら狭い部屋が綺麗に全部埋まった。通り道すらない。それからは演奏の練習をしながら机やマリンバの下をくぐったり、狭い流氷の隙間を通るトドのように生活した。食事はマリンバの上に置いて食べた。

その2年後、『テレビブロス』という雑誌で細野さんと「地平線の相談」という対談連載をさせていただくことになった。1回目の対談日、白いスーツにメガネ、ヒゲを描き、中華街ライブのコスプレで臨んだ。対面すると細野さんは、

「いいね」

とにっこり笑ってくれた。もしかしたら、ファン丸出しの行動に内心は怪訝に感じていたかもしれない。世界中から音楽の神様と呼ばれている人は、とっても優しい人だった。

以降、仕事でもプライベートでもやり取りさせていただき、その3年後、歌のアルバムを出さないかと声をかけていただいた。そこで制作したのが星野源の1stアルバム『ばかのうた』であり、本格的に歌を歌うきっかけにもなった。

そして、6年後の2016年5月8日。ちょうど40年前に行われた〝伝説〟の中華街ライブと同じ日、同じ場所で細野さんがライブをやるという情報を聞いた。これは絶対に観に行かねばと思っていたら、細野さんが声をかけてくれた。

「マリンバを頼むよ」

当日はもちろん白スーツにメガネで演奏した。細野さんに「ヒゲは描かないの？描こうよ」と言っていただき、楽屋で一緒に二人でヒゲを描いた。

16歳の頃に見た夢の景色が実際に目の前にあった。自分をここまで導いてくれた音

楽の父に誘われ、そのきっかけの場所で一緒に音楽を鳴らすことができた。お客さんから割れんばかりの拍手をいただいた。その中には20年前の自分もいるような気がした。拍手でほとんど掻き消されそうな中、細野さんがこちらをまっすぐ見つめて言った。

「未来をよろしく。僕の代わりに頑張ってね」

RYDEEN

ある夜の作曲

作曲をしている。

作業机の上にレコーダーとリズムマシン、ノートPCを置き、椅子に座りギターを抱え、何時間も歌い続ける。

音楽を作っていると、時間はあっという間に進んでしまう。レコーディングでも作詞や作曲の作業中でも、ある「ゾーン」に入ると腹も減らなくなり、時間の感覚もなくなり、無心になる。音のことだけを考える真空の瞬間が訪れる。

5分で一曲丸々できる場合もあるが、1番のAメロのみに2カ月かかる場合もある。それぞれに良さがあり、どちらが上等というものではない。早くできたものには素直で自然な進行やキャッチーさが備わっている場合が多く、時間をかけたものには工夫のある展開や複雑さがあり、飽きずに長く楽しめる音楽になりえる可能性が高い。

無心で録音した歌を何度もプレイバックし、また無心で聴き、さらにそこに改良を加えてまた録音する。それを延々と繰り返す。

息苦しくなると、自分の中に風を通すためにキッチンへ行きコーヒーを淹れる。その場に立ったままカップを口元に運び、少しずつカフェインを摂取していくと、次第に「ゾーン」の感覚が薄れていって現実世界に戻ってくる。

ふと腹が鳴る。

腹が減った。

18時頃から作曲を始め、気がつけば外は真っ暗になっていた。深夜3時。9時間が一瞬で過ぎた。

この時間に開いている店は少ない。

紺のウインドブレーカーを羽織り、マンションの外に出る。

深夜の街は楽しい。人も少ないし、たまにすれ違う街角に佇む人々も、暗闇に怪しく存在していて、なぜこの時間にこんなところにいるのかわからない感じがとてもいい。息を止めている商店や路地裏の住宅を、どんな商品を扱っている店なのか、どんな人が住んでいるのか想像しながら歩くのも好きだ。

音楽やラジオを聴きながらリズムに乗って遠回りをし、たどり着いたのは24時間営業の行きつけの立ち食い蕎麦屋だった。

『真田丸』の撮影もあるのであまり太れない。深夜のカロリー、油分摂取過多は厳禁である。罪悪感の少ない近所の立ち食い蕎麦屋がとても好きだ。

店内に入り、券売機に千円札を飲み込ませ、温かいとろろ蕎麦とトッピングにわかめ、卵を購入。大盛りのボタンを押す頃にはカロリーのことは忘れ、ウキウキな気分になっていた。

厨房に食券を差し出すと、中にいたのはいつもと違う白髪のおじさんだった。

毎度お世話になるお兄さんはわかめを別容器に入れて出すのだが、今日は最初から盛り付けてあった。結局食べる際にすぐ別容器から丼に移してしまうので、余計な食器洗いをさせているのではないかと罪悪感があった。嬉しい気遣いである。

立ち食いとはいえ、簡易的な椅子があるので腰をかけて食べ始める。

生卵の黄身を箸でほぐし、わかめと蕎麦を同時にかき込む。美味い。カツオ出汁と醬油の塩気とねぎの香り、そのシンプルな味が、コーヒーと創作で疲れた胃袋に優しく広がる。

何度か夢中になって蕎麦を口に運び、箸を置いて一息つくと、店内のBGMがいつもと違うことに気づいた。

The Dinning Sistersの『The Way You Look Tonight』だった。

この曲は1936年に公開されたフレッド・アステア主演の映画『Swing Time』の主題歌で、映画内ではアステア自身が歌っている。店で流れているのは、その曲を1940年代に活躍した女性3人のコーラスグループThe Dinning Sistersがカバーしたものだった。

ジャズを基調としたアメリカンポップスであり、美しいメロディのゆったりとしたラブソング。どんなことがあっても君のことを思い出せば幸せになる、と優しくロマンチックな歌詞で聴く者を包んでくれる。

それが立ち食い蕎麦屋で流れている。

いつもならこの店は演歌が常にヘビーローテーションされているので、このチョイスは偶然そうなったのではなく、明らかに意図的に選曲されていると感じた。

きっとあの白髪のおじさんの趣味だ。

顔を上げると、壁にはその系列の蕎麦屋にゆかりのある演歌歌手の、1年ほど前にリリースしたCD&カセットのポスターが数枚貼ってあった。目の前にはむき出しの楊枝と一味唐辛子。そして食べかけの蕎麦。

自動ドアが開くと、近所の八百屋のおじさんが台車に載せた大量の長ねぎを納めに来た。白髪のおじさんは納品書を受け取り、ダンボールに入ったねぎを厨房に運び込む。

白髪のおじさんにとって、今の時間が朝一の営業なのか、それとも深夜仕事の大詰めなのか。その表情からは読み取れない。

店内にはThe Dinning Sistersが流れ続けている。日本とアメリカが、個人の趣味で交わった、最高にエキゾチックで気持ちのいい瞬間だった。

いつだって、世界を彩るのは、個人の趣味と、好きという気持ちだ。

蕎麦を食べ終わり、店を出た。国道沿いに建つビルの隙間から、朝日が昇っていた。

そば処
そば処

大泉洋

「ぼかぁね……君みたいなやつが売れることを良しとしないんだよ。だからね、芝居でも音楽でもね、君の活動すべてを全力で阻止していくよ!」

初めて会った時そう言われた。

大泉洋はそういう男である。

『真田丸』の撮影が始まっている。僕は徳川2代将軍秀忠を演じ、大泉さんは徳川に出仕した真田信幸を演じた。序盤に一緒のシーンが続いた。

ドラマの収録というものは大抵、ドライリハーサル・カメラリハーサル・本番という順序で進む。ドライは芝居だけのリハーサルで、監督と立ち位置や演技の方向性を定め、カメリハはカメラを回しながら本番のように演技し、照明や音声、カメラアングルなどを調整する。そこからやっと本番が始まるのだが、各リハの間には大抵10分か15分ほど準備時間がかかる。

その間、大泉さんはずっと僕の耳元で話しかけてくる。

「ほら、あの曲なんだっけ？　2《に》？　4《よん》？」

「え？」

「どうやら大ヒットしてるらしい君の曲だよ。4《よん》だっけ？」

「SUN《さん》です」

「♪君の〜胸を〜揉ませ〜て」

「歌詞が違います兄さん」

大泉さんのことは普段「兄さん」と呼んでいる。ほかにも、

「ぼかぁね、チームナックスで九州へ行った時にね」

「ぼかぁ今作曲をしててね」

ずっと耳元で話しかけてくる。とても邪魔である。本番の直前やカット変わりの短い合間もずっとだ。とはいえ、年上かつ同じ事務所の先輩でもあるので「黙っててください」なんて言えない。集中力を失わせることによって、まさに僕の活動を阻止しようとしているようだ。

ある収録の日、撮影終了が深夜になってしまったが晩飯をしっかりと食べていなかったため、どこに行こうかと思案するも見つからず、試しに隣の楽屋にいる美食家の

兄さんにメールしてみた。

「このあと深夜でも入れる飯屋を知りませんか？」

すぐに返事が来た。

「スタジオの方に来て」

行こうとして楽屋のドアを開けると、待ちきれないという感じで兄さんが立っていた。

その後、10分ほど、ずっと僕の為にスマホのアプリで店を探し続けてくれた。その健気な姿を見て、思った。

もしかして、この人は僕のことが嫌いなんじゃなくて、好きなのではないか？　撮影中どうかと思うくらいずっと構ってくるのも嫌がらせをしたいわけではなく、ただ話しかけたいからなのではないか？

そういえば以前食事に行った時も、世間話をしながら突然「ねえ福山さん」と振ると「げぇんちゃぁん」と福山雅治さんのモノマネで返してくれたり、同じように柳生博さんや渡辺篤史さんのモノマネを振ると即座にノリノリで返してくれた。

「なんで後輩にこんなに振られなきゃいけないんだよ（笑）。なかなかやらないよ？」

とニコニコ嬉しそうだった。

以前、僕からの「真田丸の現場では浴衣は必須ですか？」という相談メールにも「僕も着てないから大丈夫だと思うよ」「もし必要だったら買えるお店調べようか？」「うちの現場マネージャーが詳しいから源ちゃんの日も行かせようか？」と、ありがたいお返事をいただいたこともあった。

兄さんは僕を愛している。

そんなエピソードをラジオで話した後、『真田丸』の現場で兄さんは言った。

「聞いたよ。ラジオで僕のこと話してくれたらしいね」

「あ、話しました」

「じゃあ、リスナーが喜ぶように、もっといじめないといけないねえ」

そのいじわるな言葉を、なぜかとても嬉しく感じた。

２０１２年末に倒れた時、本当はその直後、兄さんと仕事をする予定だった。症状が重かったため、その仕事自体がなしになってしまった。退院してからご迷惑をかけてしまったお詫びの連絡をして以来、約2年会える機会はなかった。

その後しっかり会えたのは２０１５年末の紅白歌合戦だ。

僕はステージで『ＳＵＮ』を歌い、兄さんは審査員席にいた。

初め、兄さんは僕のことを心配そうに見ていた。曲が進むにつれその顔は、運動会の徒競走で1位に躍り出た息子を見る父親のような表情に変わっていった。そして無事に歌い終わった瞬間、司会の井ノ原快彦さんの「完全復活！」の声と同時に、審査員でただ一人、椅子から飛び上がり、目をキラキラさせながら全力で拍手をしてくれた。

僕はその光景を一生忘れないだろうと思った。

その後行われた打ち上げで「大泉さんが話をしたいと呼んでいます」とスタッフに呼ばれた。会うなり兄さんは言った。

「源ちゃん歌良かったよ！……4《よん》だっけ？」

「SUNです！」

大泉洋とはそういう人である。

SUN!
4

ゲームで

『ポケモンGO』が楽しい。

ウォーキングと立ち止まることを繰り返しながら遊ぶゲームだけれど、忙しくてあまり外を出歩くことができないので、移動車の後部座席で遊んでいる。

ソーシャルゲーム独特の課金のシステムもあるにはあるが、2016年8月現在の段階では劇的な変化は起きないように設計されているし、お金を払ってもモンスターは手に入らないし、ランキングや、勝手に知り合いとスコアを比べられる面倒な機能もない。自分のペースでゆっくりプレイできる。

ふとした時にアプリを起動し、近くにポケモンがいたら捕まえ、それがまだ捕まえたことのない新しい種類だったら嬉しい、という素朴な遊び方をしている。そしてそれが、このゲームの現状の楽しみ方のほぼすべてであると思う。

他のゲームと明らかに違うのは、競い合うのではなく「人を外に出す」為にすべてのシステムが組まれている点だ。じっとしていると本当に何も起こらないし、ちょっとでも出歩けば気軽に得をする。

街にプレイしている人の集団や、一人で画面をスワイプしてニコニコしている人を見ると嬉しくなる。

『Ingress』という同じくスマホの位置情報を利用するゲームを作ったアメリカのNianticという会社と、ポケモンカンパニー、任天堂がタッグを組んでこのゲームは生まれた。『Ingress』は日本では知る人ぞ知るゲームだったが、『ポケモンGO』は世界中で大ヒットしている。

インターネットが主流の時代に、世界中の人々を外に出すゲームが生まれ、それによって経済の発展と、人々のコミュニケーションの莫大な増加、地域の活性化が起き、実際にニューヨーク市ではこのゲームがプレイされたことにより、犯罪率が史上最低を記録。ゲーム内の機能を利用して町おこしをする地域まで現れた。

今後どうなるかわからないけれど、『ポケモンGO』は明らかに世界を変えた。争いでもテロでもなく、現実にはいないかわいいモンスターを捕まえるという虚構で、世界を楽しく変えた。

人々が外でスマホの画面を見ているのは異様、特に子供は森林で虫を捕まえたほうが健全、と言う人もいてその感覚もよくわかるけれど、そもそも虫には虫の一生があり、人間に捕まえてほしいと思っている虫なんか一匹もいないのだから、ヴァーチャルでモンスターを捕まえて喜ぶほうが健全だとも思う。

勝手にさらわれ、小さい檻に入れられ、一生を観察されて生きるのが嬉しい生き物なんていない。モンスターボールでポケモンたちを捕まえるたびに思う。

これがゲームでよかった。

デンマーク産の新作PCゲーム『INSIDE』が面白い。

２０１０年にリリースされた同メーカーの出世作『LIMBO』は全世界で３００万本以上を売り上げた大ヒット作で、当時購入して遊びまくり、知人に勧めまくった。基本的に左右移動のみの横スクロールゲーム。３Dで描かれた背景には奥行きがあり、セリフや説明は一切ない。全編モノクロで美しくも妖しいグロテスクな世界観に魅了された。

主人公の少年は北欧の絵本のような小さくかわいいキャラクターだが、敵に襲われると「メキャ」というリアルな音と共に無残に体は砕け散り、ゲームオーバーになる。こちらから攻撃することは基本的にできず、知恵を使い、トラップを切り抜け、どこかに行ってしまった妹を探して当てもなく彷徨う。

LIMBOには天国と地獄の間、という意味があるらしい。この世なのかあの世なのかわからない気味の悪い場所を彷徨うその世界観は、浸っていてとても気持ちがよく、ゾクゾクさせられた。

新作『INSIDE』でもそのゾクゾクは健在、むしろ増大していて、カラーになったものの、その世界観はさらに不可思議で妖しくて美しかった。『LIMBO』が現実なのか虚構なのかわからない場所だったのに対し、『INSIDE』の舞台は近未来の地球だ。人間もたくさん出てくる。ファンタジーだと思えない分、そのリアリティに緊張感も高まる。

同じく横スクロールのゲームで、知恵を使って難関を乗り越えていく。主人公はまたも少年で、敵にやられればリアルに人体損傷し、無残な姿になってしまう。

ある場所に捕らえられた少年は、そこを命からがら抜け出し、自分がいる場所がどのようなものなのか知る。追っ手に襲われながらゲームを進めるにつれて、主人公の少年が置かれている状況と実際にプレイしている自分がリンクしていく。ネタバレしないために詳しく言うことはできないが、気がつけば「主人公とプレイヤーが同じ状況になる」感覚が味わえる素晴らしいゲームシステムになっている。

主人公と繋がった自分の心に浮かぶのは、自由を奪われ、檻に入れられたい人間なんてどこにもいないという、怒りの感情だ。

ラストの展開に、こんな体験絶対したくないよ最低だ！と思うと同時に、ゲーム的には最高の体験だ！と興奮している自分がいる。人間の娯楽の楽しみ方は本当に多様で奥深いとつくづく思う。

これがゲームで、本当によかった。

恋

9枚目のシングル『恋』がリリースされた。聴いていると踊りだしたくなるような、楽しいラブソングにしたい。そう思いながら制作した。

2010年に歌い始めたときは自分が9枚もシングルを出せるようになるとは思ってもいなかった。厳密に言えば、「もしそんなことになったら本当に幸せだろうな」と宝くじを当てることと同じ類の淡い願望の一つとして、ぼんやりとは思っていたかもしれない。実際そんな状況になっている今、その通り、自分は本当に幸せ者だという実感がある。

仕事があるということ、忙しいということは、とても幸福なことだ。同時にリスクがいろいろと生まれるのでしっかりと対策を講じ、心を無くさず楽しく普通に生きられるように工夫をしたほうがよい。

その中でも大事にしたいのは、季節を感じるということである。

忙しさと季節との関係は太陽と月のようなもので、多忙であればあるほど、季節は見えなくなり、逆に暇であればあるほど季節を感じてウンザリもする。

自分が作る音楽には、日本という場所の持っている歴史的な雰囲気と、今生きている現在のリアルな気分を混在させたいと思っている。そのためには季節を感じることはとっても大切で、それを忘れてしまうと俳句から季語が消えるように味気ないものになってしまう。

暇で金がない20代前半、季節の塊が常に肩に乗っているように、春も夏も秋も冬もヒリヒリと間近に感じていた。それはそれで鬱陶しいもので、そこからなんとか抜け出した今、日々生活していてもいくら暑かろうが寒かろうが、季節を感じられることはほとんどない。

10月から、『逃げるは恥だが役に立つ』というドラマに出演する。主演は新垣結衣さん。相手役は自分である。そのドラマの主題歌が『恋』だ。

夏からカップリングのほか3曲を含めたレコーディングを同時並行し、『真田丸』や『LIFE!～人生に捧げるコント～』の撮影をしながら音楽フェスにもたくさん出ていたので、季節は当然のように見えなくなっていった。

8月の終わり、作業は終盤に差し掛かり、『恋』の歌詞を書いている時。ふと思い立って正午、仕事の迎えが来る前に30分ほど散歩をした。

夏休みをギリギリまで楽しもうと、街はたくさんの人でごった返している。普段行かない道を入り、知らない景色を見ようと思った。

商業ビルと商業ビルの間を通って奥にしばらく進んでいくと、ふと音が消えた。200メートルほど進んだだけなのに、街の喧騒はまったく聞こえなくなった。そこは古い団地だった。

かすかに住人の気配はするものの、きっともうすぐ取り壊され、新しい建物が建つだろうという佇まいがある。

外壁が剥がれた住居と住居の間にある植木はまったく管理されておらず、雑草も伸び放題で自分の胸の高さまで育っている。団地それぞれの部屋の窓を見ると、ほとんど真っ暗だが時折布団を無理矢理干している部屋があった。

蟬が鳴いている。

空が青く、雲が白い。

風が涼しい。

しばらく感じていなかった季節を急に感じられるようになった。

それは自分の体や胸の中を何度も通っていった。「もうすぐ夏が終わるんだよ」と言われているように感じた。

体の筋肉と頭の思考が弛緩していく。朽ち果てた自転車、これ以上ないくらいペラペラに潰れた空きカンなどを眺めながら、とぼとぼと歩いた。

妙にいい匂いがする。

誰かが昼飯を作っている。

昔から、このどこからともなく香るご飯の匂いが大好きなのだけど、一度もなんの料理を作っているのか特定できたことがなく、しかもそれを確かめる方法もないのでいつも歯がゆく思う。

ジャケットを小脇に抱え、シャツ姿で左手にカバンを持ち、右手の携帯電話で仕事の話をしているサラリーマン。小さい団地内の公園で、一人手作りであろう弁当を広げ、黙々と食べている女性。原付バイクに乗って通り過ぎる若者。時折すれ違う人には生活があって、そして紛れもなくこの場所には、日本の季節があった。

清々しいとはこのことだ。

体の不調もない、イライラもしていない、胸の窓が開き、季節が通り過ぎる風通しのいい心持ちである。寂しく、お世辞にもキレイとは言えない団地の景色が驚くほどに美しい景色になった。

ふと誰かの手を握りたくなった。キスをしたり、抱きしめたり、肌を重ねたくなった。こういう時に恋が生まれるのだなと思った。

時計を見ると仕事の時間が迫っていた。急いで家に戻る。帰り道、「きっともう大丈夫だな」という感覚になっていた。

その夜、悩んでいた『恋』の歌い出し部分の歌詞が書けた。

営みの街が
暮れたら色めき
風たちは運ぶわ
カラスと人々の群れ
意味なんかないさ
暮らしがあるだけ
ただ腹を空かせて
君の元へ帰るんだ

3-4
3-5

新垣結衣という人

「僕は、プロの独身なんで」

己に言い聞かすように声に出すと、自然と顔の横でこぶしを握っていた。

「プロの独身？」

ふと横を見ると、みくりさんも同じポーズを取っていた。

監督からカットがかかると、隣のみくりさんは新垣結衣ちゃんに戻った。

カメラリハーサルが終わり、アドリブでやったポーズは二人とも本番でやることになった。

ドラマ『逃げるは恥だが役に立つ』での二人のファーストカットはこのシーンだった。契約結婚をすることを決めた結衣ちゃん演じる森山みくりと、自分演じる津崎平匡の二人が、みくりの両親に結婚の報告をすべくバスで向かう場面だ。

「私が話すと、それ思ってないでしょって、感情がこもってないって言われちゃうんです」

「運動苦手で。全然素早く動けません」

困ったように笑いながら、結衣ちゃんは自分のことをそう語るけれど、相手の演技に驚くほど速いスピードで反応し、アドリブを返せることや、感情の流れの中の自然な範囲でリアクションすることは、誰にでもできることではなく、感情が豊かな人や繊細で周りをよく見ている敏感な人にしかできない技だ。

彼女は、撮影の合間の待ちの時間も、ただ普通にちょこんと座り、静かにしている。多くの有名俳優が持っている「周りを緊張させる威圧感」や「周りに気を使わせる空気」は一切なく、おとなしいけれど、現場で面白い話が生まれれば一緒に笑うし、話しかけると気さくに話してくれる。ただ相手のテリトリー内に侵入することは決してしない。ニュートラルな状態でただそこにいる。

本当に普通の女の子だ。

来る日も来る日も撮影があり、夫婦という設定から二人だけのシーンが多く、いつも一緒にいるけれど、一日に一回はこの人は素敵だと思う場面がある。

ある日、自分が役でかけているメガネのレンズに指紋が付いてしまい、衣装で拭くのも良くないなと思い、持道具さんを探そうと顔を上げると、隣にいた結衣ちゃんが既に持道具さんに向かって小さく手招きをしていた。

驚いて「ありがとう」と言うと、「いえ」と顔を伏せる。彼女は本当に周りをよく見ている。

ドラマのエンディングで流れる主題歌『恋』に乗せて、主要キャストの5人が踊る場面がある。そのメンバーの中で一番踊りが多く、大変なのが彼女だ。

もともとは『恋』のミュージックビデオのための振り付けであり、そのほとんどはイレブンプレイというプロのダンサーの方々が踊っているものである。そのダンスをエンディングでもそのまま演ることになり、ダンサーではない出演者たちはもっと苦労するはずだった。

二人で初めて参加したダンス練習の日。結衣ちゃんは既に振りを覚えていた。「練習してきました」等の言葉はなく、ただ淡々とリハーサルスタジオにきて踊ると、もう覚えていた。それまでに彼女がもらっていたのは簡易的な振りの動画のみで、その中には振りのレクチャーも何もない。相当難しい振りなので、苦労したことは言葉にせずとも伝わってくる。

目の前の課題に向き合い、乗り越え、さらに周りをよく見つめ、現場で何か問題があると、表情にはまったく出さず、人知れずこっそりフォローしている。

そんな主演俳優あまりいない。

俳優というのは大変な職業だ。自分の思っていることでなく、人が書いたセリフを喋る。好きでもない相手を愛したり、嫌いでもない人を傷つけたり、体験したことのない職業になる。常に嘘をつき続ける。人気が出ればチヤホヤされ、注意されることはなくなる。そして、そんな環境の中で、数が非常に少ない椅子取りゲームを、他の俳優相手に延々と繰り返さなくてはならない。

そんな精神状態で「普通」の感覚を持てる人は本当に少ない。人気が上がれば上がるほど精神は孤立し、忙しさと比例してその人のエゴはぐんぐんでかくなる。どうしてもわがままになり、周りが見えなくなる。現場をフォローするときは「フォローしている感」がどうしても出てしまう。周りからは白い目で見られる。どんどん普通から遠ざかっていく。

10代から活躍している彼女には、想像をはるかに超えるいろいろなことがあったはずだ。最初から今のようだったわけではおそらくないだろう。

そんな中で彼女は、仕事場での誠実さを見つけ、さらには並大抵の俳優がたどり着くことができない、「普通」というものを自分の力で手に入れたのだ。

僕は人を褒めるのが好きだ。人の素敵なところを見つけると、嘘は一つもなしで、あなたはここがすごいと伝えたくなってしまう。しかし彼女は褒められるのが苦手だと語る。

「嬉しいですけど、恥ずかしいほうが勝つので」

もうやめてくださいね。そうたしなめられてしまった。

だから、ここにこっそりエッセイとして書こうと思う。どうか彼女が、クランクアップまでこの文章を読まないことを祈る。

あなたは本当に素敵な、普通の女の子である。

夜明け

リビングから、ベランダの窓をガラリと開ける。

まず、つま先から凍る感覚があって、それから冷気が顔まで素早く上昇してくる。部屋の中の暖かい空気が、突風に吹かれたタンポポの綿毛のように外へ飛び出していく。傍では暖房の室外機の音が聞こえ、遠くには燃費の悪そうなバイクの音がする。

空には星はなく、よく見れば薄く雲が覆っている。ところどころ雲の切れ間には空の黒が垣間見える。

街には人がほとんどおらず、しんとしている。立ち並ぶマンションの窓からは、ちらほらと明かりが。中心街には誰のために照っているかわからない街のネオンと、誰も見ていないビルボードが煌々と光っている。

昼間の人ごみの音と同じくらい、静寂がうるさい。冬のカラカラとした空気は湿気や埃などの障害物を感じさせず、ここで叫べば声が遠くまで届きそうだ。

右手に持っていたスマートフォンを確認する。明け方4時を過ぎていた。深夜がとても好きだ。

翌日何もなければ、だいたい早朝6時頃までは起きている。

ゲームをするのもいいし、映画を観るのもいい。音楽を聴き漁るのもいいし、テレビアニメのブルーレイを一気に観るのもいい。テレビのタイムシフト再生を無作為に動画サイトを延々と観続けるのもいい。

実際先ほどまで、YouTubeで動画を1時間ほど観続け、今まで観たことがなかった素晴らしい動画と出会えた。数年後振り返った時、この動画が僕の人生の方向性を変えたと思える可能性があるくらい素晴らしいものだった。

その作品が投稿されたのは5年前。ほとんど毎日観ているサイトにも、まだ観たことのないコンテンツがたくさんある。まだまだ知らないことがたくさんある。過去にも、未来にも、自分をワクワクさせてくれるものはまだまだたくさんある。

こういった深夜の活動は、何を見ても何を摂取しても自分の体に染み込んでいくような気がする。栄養となり、次の自分に活かせる感覚がある。

しかし実際は深夜であればあるほど、観たはずの作品の内容は記憶の中で曖昧になり、細かい部分を忘れてしまったりする。正直、深夜だからいいことなんて実はあまりない。しかし、記憶にないほうが何度観ても新鮮な気持ちになれるという意味では、それはそれで良いとも思う。深夜には細かいことを気にさせないおおらかさがあるのだ。

もちろん仕事するのもいい。

作詞も、作曲も、エッセイを書くのも、アイデアを練るのも、セリフを覚えるのも、深夜なら、この作業が確実に未来に繋がっている、という妙な予感とともに没頭できる。実際は昼間だろうが夜だろうが朝だろうが、制作のペースは変わらない。できる時はできるし、できない時はできない。ただ、いい気分で作業ができる。それだけである。

例えば、バーや居酒屋で人と話すとき、それが深夜であればあるほど、良い話を聞けたと思うことが多い。聞くだけではなく、自分がうまく言葉にできなかった想いも、言葉にでき、相手に伝わったのではないかと思える。

眠くなり、頭がぼーっとし、しかし飲み会は続き、ウトウトしていると、ふと眠気の峠を越える瞬間がやってきて、それまでのウトウトはなんだったんだと思うほどに元気が出てくる。楽しい会話が生まれ、そしてそこから、その後の自分の一生を左右するような会話が生まれたりする。

電で深
するのもいい。空気が澄んだ夜を電波が伝っていく。気
伝わり　こちらにも伝わってくるような気がする。会話に詰まって黙ってしまっても、何か繋がっているような感覚がある。

幼い頃からよく夜更かしをしていた。両親が寝静まったあと、窓を開けて誰もいなくなった街を感じる。なんだか訳のわからない確信とともに、自分と同じように静寂に塗《まみ》れた街を眺めている人がどこかにいるのではないかと思うようになった。

その頃よく妄想していたのは、活発に動き、大きいステージで歌い踊る自分だ。表現したいなんて1ミリも考えていない頃だった。その想像はあまりにも当時の己とかけ離れすぎていて、本気で悩んだり、かき消したりすることもせず、特に気にも留めないものであった。

そういった想像や予感というものは、合っていようが間違っていようが、現実を変え、未来を作る力になりうる。イマジネーションとナルシシズムは違う。自分が小さい頃にそんな言葉はなかったけれど、どれだけ「イタい」と言われようと、「中二病」と馬鹿にされようと、そんなつまらない言葉には負けず、人はどんどん妄想すればいいと思う。現実を創る根本は、想像力である。

寒い。ベランダで黄昏れるにも限界がある。

寝静まった街を眺めながら、やはり深夜が好きであると実感する。その理由はなんだろうと思っていたが、ほんのり赤くなった東の彼方を見て、ふと胸がすくような感覚を覚え、その理由がわかった気がした。

朝が来るからである。

ひとりではないということ

『逃げるは恥だが役に立つ』の収録が山場を迎えている。

本日は電車の中での撮影だ。前乗りで地方に行き最寄りのホテルに宿泊したのだが、前日夜から小雨が降り、当日も曇りだった。

撮影で使う車両はスタッフと演者、エキストラさん以外は誰も乗っていない貸切列車ではあるものの、実際に運行されているダイヤの隙間に組み込んでもらった為、前後に走っている列車とぶつからないように実際のダイヤのように運行する。

誰かがトイレに行っていて乗り遅れてしまえば撮影はできないし、列車を止めてしまえば鉄道会社そのものと、その日の利用客全員に多大な迷惑をかけてしまうことになる。

列車が走っているシーンを撮影する時は、駅と駅の間の短い運行時間の中で一シーンを撮り終えなければならない。その間隔の長さに応じて、撮影するカットが選ばれており、あまりテイクは重ねられない為、自ずと集中力は高まっていく。いい感じに集中できていると、本番中、列車内に自分演ずる津崎平匡と、結衣ちゃん演じる森山みくりの二人しかいない錯覚を起こし、カットがかかれば、今まで消えていた現実に存在するスタッフさんや目の前のカメラがフワッと姿を現す。

ふと思う。

俺の周り、たくさんの人がいるなあ。

毎日なんども撮影しているのに、カットがかかるたび、こんなに人がいるのかと毎度不思議な気持ちになる。

スタッフや演者、それぞれが冗談を言い合い、いつもみんなで笑い合いながら、過酷な撮影スケジュールの中で一生懸命に虚構を作り出している。自分の〝ヨリ〟の撮影の時は、当たり前だがその全員が自分を映すために真剣に仕事をしている。なんだか随分贅沢な気分である。ふと見上げた流れる車窓からの景色は曇天だが、嬉しい気持ちになった。

「ひとりではない」と感じることがある。

そう感じられることが嬉しい。

10代から20代にかけて、いつも「ひとりぼっちだ」と思っていた。そのたびに悲しい気持ちになり、周りにたくさんの人がいたにもかかわらず、心はひねくれた。変な理想を掲げ、現実を見ることができず、幸せを感じないように自分を追い込んでいた。「幸せになってしまったら良い表現はできない」などと、己の人間性や才能に自信がない自分を正当化するための、言い訳に塗《まみ》れた情けない理論を掲げたりした。嫌う必要のないものを嫌い、好きでもないものを好きと言って、人と違うことをアピールしようとした。

そのままの自分を認められない、偽らずにいられない、誰かに馬鹿にされる前に自分で自分のことを悪く言い、「わかってますよ」と傷つかないようにバリアを張った。情けない。そんなことをしていたら、実際にこの上なく幸せな人生だったとしても、幸せな気持ちになんて一生なれないのに。

今はそんなことはまったく思わなくなった。

幸福でありながらもハングリーな表現ができる人が本物だと思うようになり、自分の心に偽りなく好き嫌いを感じられるようになり、嫌いなものの話はなるべく心の中だけに留め、極力口にしないようになり、誰かに馬鹿にされたら、「そうですか」と笑いながら、心の中でただ普通に傷つくようになった。

それが正常、人間こうあるべきだなんて言うつもりはない。自分の性格や環境上、この状態が一番生きることを楽しく感じられるというだけだ。正解は世界中、生きる人の数だけあるのだと思う。

自分はひとりではない。しかしずっとひとりだ。いつの間にかひとりであるということが大前提となっていて、特に意識もしなくなった。

すると、誰かが手を差し伸べてくれた時、優しくしてくれた時、助言をくれた時、そばにいてくれた時、ひとりではないと思えた時の記憶だけが増えていくようになった。人生のひとりではない瞬間を中心にクローズアップできるようになった。

いのちの車窓は、様々な方向にある。現実は一つだけれど、どの窓から世界を見るのかで命の行き先は変わっていくだろう。

より良い方向を見よう、なんて説教くさい言葉だけれど、それをやり続けるのは難しい。前向きに生きることは、本当に難しい。

予想もしなかったような楽しくて嬉しい終着駅にたどり着けるように、より良い窓を覗いていきたい。それは現実逃避ではなく、現実を現実的に乗り越えていく為の、工夫と知恵ではないかと思う。

電車が動き出し、よーいスタートと声がかかる。車窓を見ると、曇天である空のはるか遠くに、雲の切れ目がぽっかりと開いていた。

クローズアップした僕の目の中には、見違えるような青空が見える。
この後は晴れである。

あとがき

『いのちの車窓から』第1巻、手に取っていただき、ありがとうございます。

書き下ろし回「文章」でも書きましたが、欠点を克服する為に無理矢理始めた文筆業は、ありがたいことに現在まで続けることができ、年月を重ねていくたびに楽しいと感じられるようになりました。

身の回りを描写したり好きな人について書いたりすることは、とても面白いです。以前は、ここがおかしいとかこれが言いたい、ということを、なんとか伝えようと必死でしたが、今は言いたいことは特にありません。目の奥に張り付いた景色の残像と、自分の心の動きを、できるだけありのままに文章に落とし込めたら、それ以上に気持ちの良いことはないと思っています。

10年ほどエッセイを書き続けて気づいたことですが、文章のプロとは、ありのままを書くことができる人ではないかと思います。

伝達欲というものが人間にはあり、その欲の中にはいろんな要素が含まれます。こと文章においては「これを伝えることによって、こう思われたい」という自己承認欲求に基づいたエゴやナルシシズムの過剰提供が生まれやすく、音楽もそうですが、表現や伝えたいという想いには不純物が付きまといます。それらと戦い、限りなく削ぎ落とすことは素人には難しく、プロ中のプロにしかできないことなんだと、いろんな本を読むようになった今、思うようになりました。

作家のキャリアに関係なく、文章力を自分の欲望の発散のために使うのではなく、エゴやナルシシズムを削ぎ落とすために使っている人。それが、僕の思う「文章のうまい人」です。

このエッセイの連載はまだ続いています。未来はどうなるかわかりませんが、ライフワークになりそうな予感もしています。のんびりと続けながら、そんな書き手に少しずつでも近づけたらと思います。

本当に素晴らしいスタッフの皆様の力で、この本はできています。

イラストを描いてくださったすしおさん、装丁を仕上げてくれた吉田ユニちゃん、本文デザインをお願いした宮古美智代さん、帯の写真を撮ってくれた磯部昭子さん、スタイリングしてくれたTEPPEIくん、メイクしてくれた高草木剛さん、そしてこの連載から書籍まで企画発案してくれた編集の村井有紀子さん。皆さん本当にお疲れ様でした。

それではまた連載のほうで。もしくは、第2巻でお会いしましょう。

文庫版あとがき

前述の単行本版あとがきで書いた「未来はわからない」というのは本当にその通りで、エッセイ執筆をバリバリ続ける気で『いのちの車窓から』を発売したのが2017年3月。しかしその年が終わる頃には、有名になるにつれ向けられる言葉の数が増えていき、その一つ一つに心が律儀に反応しては消耗し、笑顔を維持することも、過密スケジュールで仕事をすることも、何もかもが嫌になってしまった。

仕事を減らすために月一連載だったエッセイ執筆を1年間ほど休ませていただき、2022年の今では年4回、3カ月に1回というゆったりなペースで再開している。歳を重ねるにつれ、気合だけで乗り切り頑張る、がどんどんできなくなってきたことを実感する。

そして今は、好奇心と勢いで興味が湧くものはなんでもやりたいというフェーズを終え、一つ一つの仕事にしっかり取り組みたいという心持ちに変化した。

このエッセイ連載も牛歩の如くゆっくりと進んでいる。第2巻の完成も少し先になりそうなので、楽しみにしてくださっている皆様には少々申し訳ないのだけれど、のんびりお待ちいただければと思う。

さて、文庫用のあとがきである。

KADOKAWAが発行する文庫本の総ページ数は必ず16の倍数でなくてはならないそうで、あと5000字ほど書けばちょうど良いページ数におさまるのだそうだ。逆にそこまで書かないと、自社広告枠になったり、白紙のままの十数ページが生まれてしまうことになる。

長いあとがきというのはあまり聞いたことがないが、5000字というのはどうなのだろうか。本エッセイは1話分が約2000字という構成なので、2話分＋αな感覚のあとがきということになる。そう考えると少し長めな気もする。

しかし、それはそれで面白いかもしれない。やってみようじゃないか。私は基本的に、余っている隙間を埋めたい人間なのである。

今でこそシングルCDの特典として、長尺の映像が収録されたDVDを付けることは様々なアーティストが行っていることだけれど、特典DVDが流行り始めた200

0年代は表題曲のミュージックビデオを1曲分（約5分）収録するのがお決まりだった。むしろそれ以上収録映像を増やすことは、「ありえない」「勿体無い」と言われ一蹴された。

私はそれがいつも許せなかった。だってそれこそ勿体無いじゃないか。5分間の映像が収録された光映像ディスクには1時間以上の空き容量がある。画質を落とせば2時間は収録できる。そんなの資源の無駄であるし、それでシングルの料金プラス800円も取るなんて（DVD付き初回盤の値段は大体その位だった）ぼったくりである。そういうことをしているからCDが売れなくなるのだ。

そう思い、ノーギャラで長い映像コンテンツを作り、それを光ディスクの容量いっぱいに詰め込んだ。これが好評だったので毎回作ることになり、結果的に仕事量は増え、自らの首をいい感じに絞める結果となった。とはいえ映像の企画やアイデアを考えることも実際に制作することも大好きなので、個人的にはその作業をいつも楽しみにしている。

そんな貧乏性の私は、文庫本のお尻が広告や白紙のページになるなんて許せないのだ。なんとしてでも埋めてやろうじゃないかという想いが五臓六腑から湧き出してくるのである。

つもこういう時、なんだかんだ仕事を詰め込んでいて
しかし5　あとがき書く時間なんかない」と後悔するんじゃないか、お
あとで　た」という冷静な自分は少しの間眠っておいてもらおうと思う。

＊

音楽と景色は繋がっている。

音楽だけでなく、マンガや小説やエッセイ、映画や演劇。人生の中のある一瞬、その時々で表現に触れた時に自分が居た場所や、頭の中に思い浮かんだ景色は真空パックのように保存され、一度定着したものはどれだけ時間をおいても、何度でも甦ってくる。

THE BOOMの『なし』という曲を聴くと思い出す景色がある。

中学生だった頃。通学途中に乗っていた黄色い西武池袋線の車内。暑い夏。蝉の声。東から昇る朝日が窓から差し込み、銀色の扉にピカピカ反射している。カセットテー

プにダビングしたベストアルバムを再生すると、『なし』がイヤホンから流れてくる。学校が好きなわけではなく、金があるわけでもなく、時間だけがあり、わざと遅刻して、各駅停車に乗り、ダラダラと学校に向かっていった、何者でもない、なんの取り柄もない、だが音楽を聴いてワクワクすることで世界をいっぱいにすることができた、その時の景色をいつも思い出す。

それが素敵な思い出かというと決してそうではない。そのフラッシュバックには、将来や自分の存在に対する漠然とした不安がいつも影を落としていた。

魚喃《なななん》キリコの『blue』というマンガを読むといつも思い出す景色がある。

高校を卒業して、一人暮らしをし、バイト生活をしながら演劇とバンド活動を始めた頃、友達の近藤くん（現・大人計画所属の近藤公園）の家で彼が持っていた『blue』を読み、衝撃を受け、その瞬間から呪われたように物語が頭の中から離れず、家に帰る途中に乗った西武新宿線の中で、主人公のことを考えながら車窓から外をぼんやりと眺めていた時間。そこにいつもワープする。

切がしたいのにできないような、淡い恋をしたような、と同時に失恋したような、わからない感情を持て余していた。作中にも電車のシーンが印象的に描かれて るせいか、より色濃く車中と車窓を眺めている自分が思い出された。

Radioheadの3枚目のアルバム『OK COMPUTER』を聴くと思い出すのはJR赤羽駅で埼京線から京浜東北線に乗り換えるために降りる階段だ。中学高校と電車通学だった自分はその階段を6年もの間ほぼ毎日登り、そして降り続けた。

ある時から駅構内がリニューアルされることになり、ホームや改札口、その通路が建て替えられた。その階段は今はもう存在していない。

文字通りテープが擦り切れるまで聴いた世界的大名盤であるこのアルバムを聴くと、トム・ヨークの歌声や素晴らしいサウンドと共に、イヤホンをしている学生の自分が浮かび上がり、今はもう存在しない階段を降り、そして登る。あの時の自分は、今もずっとあそこにいる。時空の狭間に閉じ込められながら延々と登り降りのループを繰り返している。

と、ここまで書いて自分の思い出される景色のバリエーションの少なさに呆れた。ほとんど電車関係である。音楽やマンガは移動中に聴き、読むことが多かったからそうなってしまうのだろうか。

そして繋がっている景色が思い出されるのは多くが10代の時の自分で、30代以降はあまり思い浮かばない。40代に突入した今、やはり10代、20代というのは感性も鋭く、かけがえのない時間だったのだと感じる。

10代から活躍している人たちを見ていると心底羨ましい。吸収できる余白がたくさんある。自分にはもうない。

しかしそう感じるのはきっと、一生懸命吸収することを怠けている、または怠けていた自分を棚に上げて羨む勝手な逆恨みのようなものなのだろうと思う。

歳を重ねて必死になることが面倒になってきたことと、何かに夢中になるにはあまりにも気が散るこの世の中に対し、それなりに大人の対応を続けてきた結果、擦れてしまった感性にはつまらない客観性や穏便に空気を読む癖が付いてしまったと感じる。

文庫化に際して『いのちの車窓から』を読み返した時、一度焼き付いた景色が別のものにアップデートしていることに気づいた。

このエッセイ集を読み返す時はいつも必ず、2016年末に、雑誌連載中の『いのちの車窓から』を単行本としてまとめる際に行う加筆修正作業をしていた、神宮前のカフェから見た景色がフラッシュバックしていた。

1階のカウンターでコーヒーを買い、2階で作業をしようとしたら先客がいたので3階まで階段で上がって窓際の席に座り、テーブルの上に校正の束をドサリと置いて「よしやるぞ」と気合を入れ作業を始めるも、すぐさま疲れて窓の外を眺めながらコーヒーの味を楽しんだ。その情景が浮かんできていた。

窓からは街がよく見えた。天気は曇りだった。でも、「この後は晴れる」と思っていた。仕事がどんどん軌道に乗っていく最中、希望に満ち、心の中は晴れていた。その時の私は、現実の空に広がる一面の雲の奥にある太陽の明るさを信じていた。

しかし今回読み直してフラッシュバックしたのは、2020年の自宅マンションのベランダだった。

椅子に座り、顎を上げて青空を真顔で見つめている。コロナ禍に突入したばかりの緊急事態宣言下で2カ月仕事がなくなり、ずっと家にいた時のことだ。

自分にできることをしなきゃ。そう思い、『うちで踊ろう』という曲を作り、始めたばかりのインスタグラムで発表した。

この先どうなるか全くわからない状況の中では、明日にちょっとした楽しみを作ることが大事だと思い、様々なライブ映像をYouTubeにアップした。せめて自分のファンの人だけでも楽しんでもらおうと思った。

そうだ、連載していたエッセイも無料で読めるようにしよう。それも一気に全部ではなく、日にちを設定して2話ずつ。

遠い未来に実現できるかわからない希望を嘯《うそぶ》くのではなく、今、生きることを諦めないために、今日や明日に楽しみを少しずつ置いていこう。

そうして、この『いのちの車窓から』はインターネット上に公開された。その特設サイトを、いつものように起床後ストレッチをしてご飯を食べ、コーヒーを淹れ、マグカップを持ってベランダに出て、椅子に座り日光浴しながら、スマホの画面上で誤字なくアップされているか確認した。エッセイを読み、懐かしいなと思いながら顔を上げた。

その目の前に広がる青空。それがこびりついた。

2016年の神宮前のカフェの景色ではなく、2020年の自宅マンションのベランダの景色にアップデートしていた。

曇り空を見ながらワクワクできていたあの時。それに比べて雲一つない綺麗な青空を眺めながらも、心の中は暗く曇っていたあの時、希望はほとんどなかった。世界はパンデミックの真っ只中であり、インターネットの中は地獄と化していた。テレビやスマホの中を見れば暗い話題で持ちきりで、でも顔を上げれば空は青く、空気は澄んで、気温は暖かくとても気持ちがいい。真逆だ。どちらかというと悪い方にアップデートしてしまった。

でもそうしてわかったのは、脳や心に一度こびりついた景色は、二度と変えられないのではなく、新しいものに更新できるということだ。

希望があった景色から、希望のない景色に更新できたということは、その逆も可能なはずである。絶望の中で聴いたあの曲に、苦しみの中で読んだあの本に、悲しみの底で観たあの映画に、こびりついた景色は消せはしないかもしれないが、新しいものに変えることはできる。

だから私はこの文庫本が完成したら、旅に持っていこうと思う。

国内でも海外でも、どこでもいい。緑の多い場所、海のある場所、人が多い場所、美味しい食べ物ばかりがある場所、音楽が大きい音で流れる場所、自由に移動をし、人と握手やハグができる場所に持っていきたい。そこで何度も、繰り返し読むのだ。

そして、あの日ベランダで椅子に座り、コーヒーを飲みながら、悲しい気持ちで空を眺め、部屋の中にも戻れず、外にも出られず、ただ青空の下で時空の狭間をループし続けている自分を外に出したいと思う。

彼はきっといまも、ベランダから出られず、トイレにも行けず、コーヒー飲み過ぎておしっこいきたくて困っているはずだ。

そうしよう。未来はわからないのだから。

挿絵　すしお

本書は、二〇一七年三月に小社より刊行された単行本を一部加筆・修正し、文庫化したものです。「文庫版あとがき」は書き下ろしです。

文中の時期や年齢等の表記は、原則として雑誌掲載時のままとしています。

いのちの車窓《しやそう》から

星野《ほしの》 源《げん》

令和4年 1月25日　初版発行
令和6年 11月30日　8版発行

発行者●山下直久

発行●株式会社KADOKAWA
〒102-8177　東京都千代田区富士見2-13-3
電話　0570-002-301（ナビダイヤル）

角川文庫 23003

印刷所●株式会社KADOKAWA
製本所●株式会社KADOKAWA

表紙画●和田三造

ISBN 978-4-04-102649-6　C0195

JASRAC 出 2109692-408

◆◇◇

角川文庫発刊に際して

角川源義

第二次世界大戦の敗北は、軍事力の敗北であった以上に、私たちの若い文化力の敗退であった。私たちの文化が戦争に対して如何に無力であり、単なるあだ花に過ぎなかったかを、私たちは身を以て体験し痛感した。西洋近代文化の摂取にとって、明治以後八十年の歳月は決して短かすぎたとは言えない。にもかかわらず、近代文化の伝統を確立し、自由な批判と柔軟な良識に富む文化層として自らを形成することに私たちは失敗して来た。そしてこれは、各層への文化の普及滲透を任務とする出版人の責任でもあった。

一九四五年以来、私たちは再び振出しに戻り、第一歩から踏み出すことを余儀なくされた。これは大きな不幸ではあるが、反面、これまでの混沌・未熟・歪曲の中にあった我が国の文化に秩序と確たる基礎を齎らすためには絶好の機会でもある。角川書店は、このような祖国の文化的危機にあたり、微力をも顧みず再建の礎石たるべき抱負と決意とをもって出発したが、ここに創立以来の念願を果すべく角川文庫を発刊する。これまで刊行されたあらゆる全集叢書文庫類の長所と短所とを検討し、古今東西の不朽の典籍を、良心的編集のもとに、廉価に、そして書架にふさわしい美本として、多くのひとびとに提供しようとする。しかし私たちは徒らに百科全書的な知識のジレッタントを作ることを目的とせず、あくまで祖国の文化に秩序と再建への道を示し、この文庫を角川書店の栄ある事業として、今後永久に継続発展せしめ、学芸と教養との殿堂として大成せんことを期したい。多くの読書子の愛情ある忠言と支持とによって、この希望と抱負とを完遂せしめられんことを願う。

一九四九年五月三日

目次

主な登場人物

小《お》野《の》篁《たかむら》

気が付くとそこにいる、平安装束に身を包む謎の人物。

遠《とお》野《の》青《せい》児《じ》

皓の助手。他人の罪を一目で見抜くことができる。

西《さい》條《じょう》皓《しろし》
悩める人々の相談を受ける、謎の美少年。

紅《べに》子《こ》
黒硝子のような目をした謎の少女。

凜《りん》堂《どう》棘《おどろ》
世間で評判の凄腕探偵。通称「死を招《よ》ぶ探偵」。

事件が彼らを誘《いざな》うのか、彼らが事件を招《まね》くのか——。

イラスト／アオジマイコ

凛《りん》堂《どう》荊《いばら》
棘の双子の兄。

鴻《おおとり》永《なが》昭《あき》
〈金魚楼〉の主人、蘭鋳《らんちゅう》愛好家。

鴻《おおとり》昌《しょう》吾《ご》
永昭の孫、フォトグラファー。

汐《しお》見《み》莉《り》津《つ》子《こ》
永昭の孫、昌吾の妹。

鴻《おおとり》梓《あずさ》
永昭の孫、昌吾と莉津子の異父弟。

鴻《おおとり》朱《あか》音《ね》
鴻家の養女。十年前に死去。

多《た》木《き》琴《こと》絵《え》
住みこみの家政婦。

八《や》束《つか》千《ち》波《なみ》
八束家の次女。青児の昔馴染み。